北京大學《儒藏》編纂與研究中心　編

《儒藏》精華編選刊

逸周書

〔西晉〕孔晁　注
黄懷信　校點

北京大學出版社
PEKING UNIVERSITY PRESS

圖書在版編目(CIP)數據

逸周書 / (西晉) 孔晁注；北京大學《儒藏》編纂與研究中心編 . -- 北京：北京大學出版社，2024.7. -- （《儒藏》精華編選刊）. -- ISBN 978-7-301-35264-9

Ⅰ. K224.04

中國國家版本館CIP數據核字第202478FQ70號

書　　名	逸周書 YIZHOUSHU
著作責任者	〔西晉〕孔晁 注 黄懷信 校點 北京大學《儒藏》編纂與研究中心 編
策劃統籌	馬辛民
責任編輯	沈瑩瑩
標準書號	ISBN 978-7-301-35264-9
出版發行	北京大學出版社
地　　址	北京市海淀區成府路205號　100871
網　　址	http://www.pup.cn　新浪微博：@北京大學出版社
電子郵箱	編輯部 dj@pup.cn　總編室 zpup@pup.cn
電　　話	郵購部 010-62752015　發行部 010-62750672 編輯部 010-62756449
印 刷 者	北京虎彩文化傳播有限公司
經 銷 者	新華書店
	650毫米×980毫米　16開本　12印張　101千字 2024年7月第1版　2025年3月第2次印刷
定　　價	49.00元

目録

逸周書卷第四

逸周書卷第五

校點説明

《逸周書》十卷。本名《周書》，初集於春秋末晋平公卒後之周景王世（前五三三—前五二〇年），材料或係孔子删《書》之餘。《漢書·藝文志》有「《周書》七十一篇」，注曰：「周史記。」其説不誤。西漢景、武之時，有人爲之作解。今本有注之篇，即其痕跡。篇名「解」字，即當時所附。顔師古《漢書·藝文志》注引劉向云：「周時誥誓號令也，蓋孔子所論百篇之餘也。今之存者，四十五篇矣。」是當時已佚不全。晋五經博士孔晁注。

晋太康二年，汲郡（今河南汲縣）人不準盜發魏襄王冢，得竹書數十車，中有《周書》殘本（《晋書·束晳傳》）。其書初經秘書監荀勖校定，著録於《中經新簿》。東晋著作郎李充校書，以「典籍混亂」，「删除煩重」（《晋書·李充傳》），將傳世孔晁注本與汲冢本歸併爲一，釐爲十卷，並仍《新簿》而繫於「汲冢書」下，不言孔注。《隋書·經籍志》著録《周書》十卷，注曰「汲冢書」，即本李充《晋元帝書目》。唐毋煚撰《古今書録》，以舊撰《群書四部録》本《隋志》「虚張篇數」，「實乖標榜」，「所分書類，理有未允」（《舊唐書·經籍志序》），於《周書》復題孔晁注，而不言汲冢，並重新釐分八卷。《舊唐書·經籍志》所著《周書》八卷孔晁注，即據此。《新唐書・藝文志》重出《汲冢周書》十卷、孔晁注《周書》八卷，實一書也，唯分卷不同而已。

今傳本十卷，闕《程寤》第十三、《秦陰》第十四、《九政》第十五、《九間》第十六、《劉法》第十七、《文開》第十八、《保開》第十九、《八繁》第二十、《箕子》第四十一、《耆德》第四十二、《月令》第五十三，文存者五十九篇，其中四十二篇有孔晁注。另《序》一篇在卷末（或在卷端），凡六十篇，蓋即李充删併之舊也。諸言七十或七十一篇者，皆據篇目，非實有其書。

此書所載多確實可信，尤以《世俘》、《商誓》、《度邑》、《皇門》、《嘗麥》、《祭公》、《芮良夫》等篇，當爲西周原作。《四庫總目提要》謂其「所云文王受命稱王，武王、周公私計東伐，俘馘殷遺，暴殄原獸，輦括寶玉，動至億萬，三發下車，懸紂首太白，又用之南郊，皆古人必無之事」，實未必然。各家序跋所言，亦未足信。

書中反映周人道德、政治、經濟、軍事以及法律思想之材料頗多，足資考鏡。尤其是對研究孔子儒學思想的淵源，亦屬有用。其他諸如天文曆法、地理地名、氣候物產、民族方國、謚法謚義、察人觀物、修養處世等材料，也很豐富，不唯史家之寶藏，實亦學習中國傳統文化之良好教材。

此書傳世版本主要有：

一、元至正十四年（一三五四）嘉興路學宫刊本（以下簡稱「至正本」）；
二、明嘉靖二十二年（一五四三）四明章檗校刊本（以下簡稱「章本」）；
三、明萬曆中新安程榮輯刊之《漢魏叢書》本（以下簡稱「程本」）；
四、明萬曆中武林何允中輯刊之《廣漢魏叢書》本（以下簡稱「何本」）；
五、明萬曆二十二年（一五九四）河東趙標輯刊之《匯刻三代遺書》本（以下簡稱「趙本」）；
六、明吴管輯刊之《古今逸史》本（以下簡稱「吴本」）；
七、明刊鍾惺評《秘書九種》本（以下簡稱「鍾本」）；
八、清康熙八年汪士漢據《古今逸史》殘版重編刊之《秘書二十一種》本（以下簡稱「汪本」）；
九、乾隆間王謨所輯之《增訂漢魏叢書》本（以下簡稱「王本」）；
十、《四庫全書》本（以下簡稱「《四庫》本」）；
十一、盧文弨校正本（以下簡稱「盧本」）。

根據目録書著録情況、各家版刻序跋，以及各本體式文字，其刊刻源流及各本間的關係大致爲：

至正本出宋嘉定本，章本據至正本而有參校。趙本出楊慎所校至正本；程本出楊慎本別有參校，何本出程本別有參校。鍾本據何本校，吴本據程本校，汪本據吴本、何本校。王本出何本，《四庫》本出程本。盧本則以至正本爲底本，參校章本、程本、吴本、何本、鍾本等傳世舊本，又參用惠棟、沈彤、謝墉、趙曦明、張垣、嚴長明、段玉裁、沈景熊、梁玉繩、梁履繩、陳雷等十一家之校勘而成。今之《四部備要》用盧本排印，《叢書集成初編》影印盧本，而《四部叢刊》則據章本影印。

對勘諸本，舊本以章本爲最善，故本次校點以之爲底本。校勘記主要參考並吸收本人《逸周書彙校集注》及《逸周書校補注譯》之彙校和校勘成果，其中參校版本主要包括：

一、至正本（校勘記内稱「元刊本」）；

二、程本；

三、趙本；

四、吴本；

五、鍾本；

六、王本。

以上六本，校勘記内合稱「諸本」。

部分篇章兼校：

一、漢戴德《大戴禮記》（《四部叢刊》本）；

二、唐魏徵《羣書治要》（《四部叢刊》本）；

三、漢司馬遷《史記·周本紀》（中華書局標點本）；

四、唐張守節《史記正義》（中華書局《史記》標點本）；

五、宋王應麟《周書王會補注》（《玉海》附刻本）；

六、宋高似孫《史略》（《古逸叢書》本）；

七、北魏酈道元《水經注》（影印文淵閣《四庫全書》本）；

八、唐李善《文選注》（中華書局影印本）；

九、《北堂書鈔》、《藝文類聚》、《太平御覽》、《初學記》、《玉海》諸類書。

吸收清人校勘成果包括：

一、盧文弨《逸周書》校正，版本同前；

二、王念孫、王引之《讀書雜志·逸周書》，《皇清經解續編》本；

三、潘振《周書解義》，嘉慶十年月林堂刊本；

四、陳逢衡《逸周書補注》，道光五年修梅山館刻本；

五、丁宗洛《逸周書管箋》，道光十年刻本；
六、唐大沛《逸周書分編句釋》，臺灣學生書局影印稿本；
七、朱右曾《逸周書集訓校釋》單刻本；
以上七家，校勘記内合稱「各家」。
八、莊述祖《尚書記》，《雲自在龕叢書》本；
九、朱駿聲《逸周書集訓校釋增校》，《國粹學報》第十八期；
十、何秋濤《王會篇箋釋》，光緒十七年江蘇書局刻本；
十一、俞樾《周書平議》，《皇清經解續編》本；
十二、孫詒讓《周書斠補》，光緒二十年刻本；
十三、于鬯《香草校書·逸周書》，中華書局一九八四年版；
十四、劉師培《周書補注》、《周書王會篇補釋》，《劉申叔先生遺書》本。
因本書舊本訛誤太多，非詳細校勘不足以正其誤，故作如是校。

校点者　黄懷信

汲冢周書叙

古書之存者，六籍之外，蓋亦無幾，《汲冢周書》其一也。其書十卷，自《度訓》至于《器服》，凡七十解。自叙其後爲一篇，若《書》之有《小序》同。孔晁爲之註。晋太康中，盜發汲郡魏安釐王冢而得之，故繫之汲冢。所言文王與紂之事，故謂之《周書》。劉向謂是周時誥誓號令，孔子删録之餘。班固《藝文志》亦有其篇目。司馬遷記武王伐紂之事，正與此合。然則兩漢之時已在中秘，非始出於汲冢也。觀其屬辭成章，體製絶不與百篇相似，亦不類西京文字，是蓋戰國之世逸民處士之所纂輯，以備私藏者。性命道德之幾微，文、武政教之要略，與夫《謚法》、《職方》、《時訓》、《月令》，無不切於脩己治人。雖其間駁而不純，要不失爲古書也。郡太守劉公廷榦好古尤至，出先世所藏，命刻板學宫，俾行于世，上不負古人之用心，下得以廣諸生之聞見。其淑惠後人，不既多乎！至正甲午冬十二月，四明後学黄玠謹志。❶

❶「玠」，元刊本作「蚧」，當是「玠」之訛。

昭德晁公武志

《汲冢書》十卷，蓋晋太康中汲郡與《穆天子傳》同得。晋孔晁註。蓋孔子删採之餘，凡七十篇。古者天子諸侯皆有史官，唯書法信實者行于世。秦漢罷黜封建，獨天子之史存。然史官或怯而阿世，貪而曲筆，虚美隱惡，不足考信，則儒學處士必私有記述，以伸其志，將來賴之以證史官之失，其功亦大矣。以司馬遷之博聞，猶採數家之言以成其書，况其下者乎？亦有聞見單淺，記録失實，胸臆偏私，褒貶弗公，以誤後世，在觀者慎擇而已矣。

李燾序

晉孔晁註《周書》十卷。按隋唐《經籍志》、《藝文志》，皆稱此書得於晉太康中汲郡魏安釐王冢。孔晁註或稱十卷、或八卷，大抵不殊。若此，則晉以前初未有此也。然劉向所録及班固並著《周書》七十一篇，且謂孔子删削之餘。而司馬遷《史記》武王克殷事蓋與此合，豈西漢世已得入中秘，其後稍隱，學者不道，及盜發冢，幸復出邪？篇目比漢但闕一耳，必班、劉、司馬所見者已。❶繫之汲冢，失其本矣。書多駁雜，宜孔子所以不取。戰國處士私相綴續，託周爲名，孔子亦未見。古章句或舛訛難讀，聊復傳寫，以待是正。巽巖李燾。

❶「見」，原爲空格，今據《文獻通考》卷一九五補。「者」，原闕，今據元刊本及《文獻通考》卷一九五補。

丁黼序

夫子定《書》爲百篇矣，孟子於《武成》取其二三策，謂「血流漂杵」等語鄰於誇也。❶今所謂《汲冢周書》，多誇詡之辭，且雜以詭譎之説，此豈文、武、周公之事，而孔、孟之所取哉？然其間畏天敬民、尊賢尚德，古先聖王之格言遺制，尚多有之。至於《時訓》、《明堂》，記《禮》者之所采録；《克殷》、《度邑》，司馬遷之所援據，是蓋有不可盡廢者。晋狼瞫曰：「《周志》有之：『勇則害上，不登於明堂。』」其語今見之篇中，此吾夫子未定之《書》也。漢蕭何云：「《周書》曰：『天予不取，反受其咎。』」此則夫子既定之後，而《書》無此語，意者其在逸篇乎！其後班固志《藝文》，《書》凡九家，有《周書》七十一篇。劉向云：「周時誥誓號令，蓋孔子所論百篇之餘也。」以兩漢諸人之所纂記推之，則非始出於汲冢也明矣。惜乎後世不復貴重，文字日就舛訛。予始得本於李巽巖家，脱誤爲甚。繼得陳正卿本，用相參校，修補頗多。其間數篇，尚有不可句讀；脱文衍字，亦有不容强解者。姑且刻之，俟求善本更加增削，庶使流傳，以爲近古之書云。嘉定十五年夏四月十一日，東徐丁黼謹識。

❶「鄰」，原闕，今據元刊本補。

逸周書卷第一

度訓解第一

天生民而制其度。聖人爲制法度。度小大以正，權輕重以極，明本末以立中。制法度所以立中正。立中以補損，補損以知足。損益以中爲制，故知足也。□爵以明等極，❶極，中也。貴賤之等，尊卑之中也。極以正民。正中外以成命，內外正則大命成也。正上下以順政。順其政教。政以內□，❷□□自邇，❸彌與自遠。❹遠邇備極，終也□微。❺補在□□，❻分微在明。知精

---

❶「□」，丁宗洛從丁浮山補「序」字，或作「制」。

❷「□」，丁宗洛疑當作「成」。

❸「□□」，疑作「內成」，或「陟遐」、「行遠」。

❹「彌」，疑當作「邇」。

❺「□」，丁宗洛補「精」。

❻「補」，疑或作「備」。「□□」，當作「分微」。

□□□□微分理有明故。明王是以敬微而順分。

分次以知和，知和以知樂，知樂以知哀。哀樂以知慧，内外以知人。慧者甚明，所以知人。

凡民生而有好有惡，小得其所好則喜，大得其所好則樂；小遭其所惡則憂，大遭其所惡則哀。言其性之自然。凡民之所好惡，生物是好，死物是惡。

民至有好而不讓，不從其所好，必犯法，無以事上。不讓則争，争則必犯法矣。❶民至有惡不讓，不去其所惡，必犯法，無以事上。偏行於此，尚有頑民，❷而況曰以可去其惡而得其所好，民能居乎？偏，爲兼行好惡也。❸能居乎，言不能居好惡。❹若不□力，❺何以求之？言力争也。力争則力政，力政則無讓，無讓則無禮。無禮，雖得所好，民樂乎？争則不樂。若不樂，乃所惡也。

凡民不忍好惡，不能分次。忍爲持久，堅以次第。不次則奪，奪則戰。戰則何以養老幼？

❶「必」，原在上句「不」下，今據盧本移。

❷「頑」，原作「玩」，今據諸本改。

❸「爲」，盧本改作「謂」。

❹「好惡」，盧本改作「也」。

❺「□」，疑作「竟」，或作「用」。

何以救痛疾死喪？何以胥役也？胥，相也。明王是以極等以斷好惡，教民次分，揚舉力竟，❶任壯養老，長幼有報，壯者任之，老者養之，幼者長之，使相報，此謂力竟也。民是以胥役也。

夫力竟非衆不尅，衆非和不衆。和之以懷衆。和非中不立，中非禮不慎，禮非樂不履。明王是以無樂非人，無哀非人，言明王所樂所哀無非人也。❷人是以衆。人衆，賞多罰少，政之美也；罰多賞少，政之惡也。罰多則困，賞多則乏。乏、困無醜，教乃不至。醜，謂所厚。是以民主明醜以長子孫。子孫習服，鳥獸仁德。歸其仁德。土宜天時，百物行治。土之所宜，天時所生，皆行其物。治之初厤初哉，治化則順。是故無順非厲。明醜以使之，所以成順者也。長幼成而生曰順極。❸言使小人、大人皆成其事上之心而生其義，順之至也。

命訓解第二

天生民而成大命。賢愚自然之性命也。命司德正之以禍福，司，主也。以德爲主，有德正以福，

❶「揚舉」，原爲小字注文，今據盧本歸正文。
❷「無」，原無，今據盧本補。
❸「生」下，王念孫疑脱「義」字。

無德正以禍。立明王以順之。順天作故。❶曰：「大命有常，小命日成。日成，日進也。成則敬，有常則廣。廣以敬命，則度至于極。」如有，❷則其人法度至中正也。

夫司德司義，而賜之福禄。福禄在人，能無懲乎？若懲而悔過，則度至于極。懲，止也。❸以德居身，深術息其義。夫或司不義，而降之禍。在人，能無懲乎？若懲而悔過，則度至于極。

夫民生而醜不明，無以明之，能無醜乎？若有醜而競行不醜，則度至于極。不謂醜者，若道上爲君。夫民生而樂生，無以穀之，能無勸乎？若勸之以忠，則度至于極。穀，善也。謂忠信也。夫民生而惡死，無以畏之，能無恐乎？若恐而承教，則度至于極。以死亡恐民，使奉上易教也。

六極既通，六間具塞，六中之道通，則六間塞矣。通道通天以正人，正人莫如有極，道天莫如無極。道，謂言説之也。道天有極則不威，不威則不昭。正人無極則不信，不信則不行。政教不明。明王昭天信人以度功，地以利之，使信人畏天，則度至于極。

---

❶「故」，盧本改作「政」。
❷「有」下，盧本補「常」字。
❸「止」，原作「正」，今據諸本改。

夫天道三、人道三。言相方以立教。天有命、有禍、有福，人有醜、有紼絻、有斧鉞。以人之醜當天之命，以紼絻當天之福，以斧鉞當天之禍。六方三述，其極一也，不知則不存。❶一者，善之謂也。不行善，不知故也。

極命則民墮，民墮則曠命。曠命以誡其上，則殆於亂。此下六極，謂行之極，其道殆近。極福則民禄，民禄則干善，干善則不行。不行善也。極禍則民鬼，民鬼則淫祭，淫祭則罷家。罷弊其財，且無禍也。❷極醜則民叛，民叛則傷人，傷人則不義。民不堪行，則叛義也。極賞則民賈其上，賈其上則民無讓，無讓則不順。賈，賣，以功求其賞也。極罰則民多詐，多詐則不忠，不忠則無報。上遇其禮，不報已終。凡此六者，政之始也。❸明王是故昭命以命之，曰：「大命世罰，小命罰身。」遺大命則世受罰，犯小命則罰身。

福莫大於行義，禍莫大於淫祭，醜莫大於傷人，賞莫大於信義，讓莫大於賈上，罰莫大於貪詐。言此六者寂大。古之明王奉此六者以牧萬民，民用而不失。不失其義。撫之以惠，和之以均，斂之以哀，娛之以樂，慎之以禮，教之以藝，震之以政，動之以事，

❶「存」，丁宗洛、朱右曾改作「行」。
❷「且」，盧本改作「冀」。
❸「始」，盧本改作「殆」。

勸之以賞，畏之以罰，臨之以忠，行之以權。以權行之。權不法，忠不忠，罰不服，賞不從勞，事不震，政不成，言行權當有如此時。藝不淫，禮有時，樂不滿，哀不至，均不壹，惠不忍人。凡此，物攘之屬也。物，事。

惠而不忍人，人不勝害，害不如死。害則死□而猶不知□。均一則不和，哀至則匱，樂滿則荒，禮無時則不貴，藝淫則害于才，政成則不長，事震則寡功。不長，言近淺也。震而其功寡矣。以賞從勞，勞而不至。以法從中則賞，賞不必中。以權從法則行，行不必以知權。權以知微，微以知始，始以知終。言事勢之相權，物理之相致如此也。

常訓解第三

天有常性，人有常順。順在可變，性在不改。學能，故可變。自然，故不改。不改可因，因在好惡。好惡生變，變習生常。常則生醜，醜命生德。雖有天性，可因其好惡以變之。明醜所以命之，則德生矣。明王於是生政以正之。

民生而有習、有常。以習爲常，以常爲慎，民若生于中。習常爲常。❶ 習常爲常，如性自

---

❶「習常爲常」四字，涉下孔注衍。

然，故若生于中也。夫習民乃常，爲自血氣始。性本所有，而幼小習之，若自其氣血生之始也。明王自血氣耳目之習以明之醜。示之以好惡也。醜明乃樂義，樂義乃至上，❶上賢而不窮。窮謂不肖之人。哀樂不淫，民知其至。而至于子孫，民乃有古。古者因民以順民。皆有經遠之規謂之有古。父教子、子教孫，故曰因也。

夫民群居而無選，爲政以始之。❷始之以古，終之以古。言政必敬始慎終。選，行也。行古志今，政之至也。政維今，法維古。云云。❸

頑貪以疑，❹疑意以兩，平兩以参，参伍以權，權數以多。多難以允，允德以慎。慎微以始而敬終，乃不困。❺重明終始之義。困在坌，誘在王，民乃苟，苟乃不明。哀樂不時，四徵不顯，六極不服，八政不順，九德有奸，九奸不遷，萬物不至。言以坌導民，❻政之弊。夫禮非尅不

❶「至」，丁宗洛疑作「奉」。
❷「始」，于鬯疑作「治」。
❸「云云」二字，盧本删。
❹「疑」，原作「凝」，今據吴本、鍾本改。
❺「困」，原作「因」，今據諸本改。
❻「言」，原作「吉」，今據諸本改。

承，非樂不竟。❶ 民是乏生。□好惡有。❷

四徵：喜、樂、憂、哀。動之以則，發之以文，成之以名，行之以化。❸ 以中道化之也。

六極：命、醜、福、賞、禍、罰。❹ 六極不羸，羸謂無常。八政和平。

八政：夫妻、父子、兄弟、君臣。八政不逆，九德純恪。

九德：忠、信、敬、剛、柔、和、固、貞、順。

順言曰政，順政曰遂，遂僞曰奸。監物在目，❺ 監聲在耳，耳目皆有疑。❻ 疑言有樞，樞動有和。和意無等，等謂差等。萬民無法。□□在赦，❼ □復在古。❽ 古者明王奉法以明幽，

---

❶「夫禮」至「不竟」十字，疑是衍文。

❷「□好惡有」，疑是衍文。

❸「動之」至「以化」十六字，當是錯簡或衍文。

❹「醜」，原作「聽」，今據盧本及各家改。

❺「監」，程本、吴本作「奸」。下「監」同。

❻「目」，原作「因」，今據盧本及各家改。

❼「□□」，疑是「治之」。「赦」，丁宗洛疑當作「政」。

❽「□」，唐大沛疑作「法」。

幽王奉幽以廢法，奉則一人也，❶而績功不同。所行相反故也。明王是以敬微而順分。❷

文酌解第四

民生而有欲、有惡、有樂、有哀、有德、有則。則有九聚，德有五寶，哀有四忍，樂有三豐，惡有三咎，❸欲有七極。❹廣演其義也。極有七事，咎有三尼，豐有三頻，忍有四教，寶有五大，聚有九酌。又敷陳也。

九酌：一，取允移人；二，宗傑以親；❺三，發滯以正民；四，貸官以屬；五，人曰必禮；六，往來取比；❻七，商賈易資；八，農人美利；九，□寵可動。此言所酌爲政之事。英傑人當親之也。❼

❶「人」，王念孫疑是衍文。

❷「明王」至「順分」九字，已見《度訓解》，此當衍。

❸「三」，原作「二」，今據下文改。

❹「七極」，原作「一極」，今據下文改。

❺「親」，原作「觀」，今據盧本及各家改。

❻「比」，原作「此」，今據盧本及各家改。

❼「之」下，原衍「地」字，今據盧本删。

五大：一，大知率謀；二，大武斂勇；❶三，大工賦事；四，大商行賄；五，大農假貸。言之爲謀之即。❷假貸，振施者也。

四教：一，守之以信；二，因親就年；三，取戚免梏；四，樂生身復。就年，尊長年也。戚，近也。免梏，無患也。

三頻：一曰頻禄質瀆；二，陰福靈極；三，留身散真。頻，數也。散，失也。

三尼：一，除戎咎醜；二，申親考疏；三，假時權要。尼，是也。❸咎，罪也。考，成也。時，是也。

七事：一，騰咎信志；二，援拔瀆謀；三，聚疑沮事；四，騰屬威衆；五，處寬身降；六，陵塞勝備；七，録兵免戎。騰，勝也。録，謂不備兵。

一極。❹惟事昌道開，蓄伐。言事事皆以忠政行之，則吉昌之道開行，而征伐之道蓄之也。伐有

❶「斂」，原作「劍」，今據文義改。
❷「言之爲謀之即」六字，盧本改作「率謀，言爲謀之帥」。
❸「是」，陳逢衡疑作「定」。
❹「一極」，疑後人涉前文誤增。

三穆、七信、一幹、二御、三安、十二來。言征伐之道，❶必有此事可也。

三穆：一，絶靈破城；❷二，筮奇昌爲；三，龜從兆凶。絶神不淫祀也。不正而卜，雖從而凶。

七信：一，仁之慎散；二，智之完巧；三，勇之精富；四，族之寡賄；五，商之淺資；六，農之少積；七，貴之爭寵。七者所宜信明之也。

一幹：勝權輿。言有權無不興。

二御：一，樹惠不瘱；二，既用茲憂。瘱，巔也，以爲己巔也。既，盡。

三安：一，定居安帑；二，貢貴得布；三，刑罪布財。十二來：一弓、二矢歸射；矢常可用。三輪、四輿歸御；言亦可用。五鮑、六魚歸蓄；積以爲資。七陶、八冶歸竈；言竈善則陶冶長也。九柯、十匠歸林；林，當作材，匠以爲用。十一竹、十二葦歸時。取之以時，所以來人也。

三穆、七信、一幹、二御、三安、十二來，伐道咸布。

物無不落。落物取配，維有永究。落，始也，數也。究，終也。急哉急哉！後失時。

❶「言」，原作「信」，今據盧本改。
❷「城」，疑作「誠」。

糴匡解第五

成年穀足，❶賓、祭以盛。言賓客、宗廟足而不奢也。大馴鍾絶，❷服美義淫。大馴後落。❸淫，過。皂畜約制，餘子務藝。❹皂，廄別名。畜則馬。約制，不常秣。❺餘，衆也。藝，樹也。宮室城廓修爲備，供有嘉菜。❻於是日滿。嘉，善也，爲薑等也屬滿之。❼

年儉穀不足，賓、祭以中盛。有黍稷，無稻粱。樂唯鍾鼓，不服美，外有祭服，内無文飾。三牧、五庫補攝，事物相兼，不物設也。凡美不修，餘子務穡。於是糺秩。糺之令有事按。

---

❶「年」，原重文，今據盧本及陳逢衡、朱右曾刪。

❷「馴」，疑當作「用」；「絶」，疑作「弦」。

❸「大馴」，吴本、鍾本、王本作「六副」。

❹「餘」上，原衍「供」，今據趙本、吴本及盧本刪。

❺「秣」，原作「秩」，今據盧本改。

❻「菜」，程本、王本等作「萊」。

❼此注盧本訂作「謂薑蒜之屬滿也」。

年饑則勤而不賓，❶舉祭以薄。用下牲也。樂無鍾鼓，凡美禁。書不早群，❷車不雕攻，兵備不制。民利不淫，攻，治。征當商旅，以救窮乏。聞隨鄉，❸不鬻熟。❹鬻，賣。分助有匡，以綏無者。於是救困。

大荒有禱無祭，飢饉师旅，爲大荒也。國不稱樂，企不滿壑。刑罰不脩，舍用振窮。不滿壑，不于治地。舍用常以振民也。君親巡方，卿參告糴，餘子倅運。開口同食，民不藏糧，曰有匡。倅，副也。盡行此事，名曰有匡也。俾民畜唯牛羊。於民大疾惑，殺一人無赦。雖有凶疾惑，而相殺者不赦也。男守疆，戎禁不出。五庫不膳，喪禮無度，祭以薄資。戎事自守而已，不征伐也。喪儉也，而速喪祭用。❺禮無樂，宮不幃，嫁娶不以時，賓旅設位有賜。不以時，秋冬也。媒氏會□□合以。❻賓旅隨位賜之，不饗燕。

---

❶「饑」，原作「飢」，今據程本、趙本、王本改。「賓」，俞樾疑與下「舉」字倒。
❷「書」，盧本作「畜」。「早」，盧本作「皁」。
❸「聞」，疑當作「問」。
❹「不」，原作「下」；「熟」，原作「塾」，今併據盧本改。
❺盧本云：「注訛脱難曉。」
❻「□□」，疑當作「男女」。「合以」，元刊本作「合之」。

逸周書卷第二

武稱解第六

大國不失其威，小國不失其卑，敵國不失其權。此即所謂稱也。岠嶮伐夷，并小奪亂，□强攻弱而襲不正，❶武之經也。經，常。伐亂、伐疾、伐疫，❷武之順也。武道逆取順守，故曰順也。賢者輔之，亂者取之，作者勸之，怠者沮之，恐者懼之，欲者趣之，武之用也。武以爲用。美男破老，美女破舌，❸淫圖破□，❹淫巧破時，❺淫樂破正，淫言破義，武之毁也。凡行此

❶「□」，疑作「以」。
❷「疫」，劉師培疑作「疲」。
❸「舌」，王念孫疑作「后」。
❹「□」，疑作「德」。
❺「時」，劉師培謂作「庤」。

事，所以毁敵國也。赦其衆，遂其咎，撫其□，❶助其囊，武之間也。餌敵以分而照其儲，以伐輔德，追時之權，武之尚也。以分，謂以分器土田餌之此術。春違其農，秋伐其穡，夏取其麥，冬寒其衣服，春秋欲舒，冬夏欲亟，武之時也。寒衣，爲敗其絲麻。冬夏寒暑盛，故欲度之。長勝短，輕勝重，直勝曲，衆勝寡，强勝弱，飽勝飢，❷肅勝怒，先勝後，疾勝遲，武之勝也。肅，敬也。追戎無恪，窮寇不格，格，鬥也。力倦氣竭乃易克，武之追也。追敵之法。❸既勝人，舉旗以號令，命吏禁掠，無取侵暴；爵位不謙，田宅不虧，各寧其親，民服如化，武之撫也。謙，損也。寧，安也。百姓咸服，偃兵興德，夷厥險阻，以毁其武，❹四方畏服，奄有天下，武之定也。毁武，謂毁敵之。❺

❶「□」，陳逢衡疑作「民」。
❷「飢」，原作「饑」，今據盧本改。
❸「法」，原脱，今據諸本補。
❹「武」，原作「服」，今據注及盧本改。
❺「敵之」，王本作「武之服」。

允文解第七

思静振勝，允文維紀。以静規勝，康文紀武。昭告周行，維旌所在。旗旌，治亂所在。收武釋賄，無遷厥里。官校屬職，因其百吏。收其戎器，不取賄。因其官吏，無敢改。公貨少多，賑賜窮士。救瘠補病，賦均田布。❶主施赦布政也。命夫復服，用損憂耻。❷孤寡無告，獲厚咸喜。損除憂耻，謂赦罪振窮，敷大惠也。咸問外戚，書其所在。遷同氏姓，❸位之宗子。誅其君，爲之主，□及群臣宗主。率用十五，綏用□安。教用顯允，若得父母。懷其德政也。寬以政之，孰云不聽？聽言靡悔，遵養時晦。養時暗昧而誅之。晦明遂語，于時允武。死思復生，生思復所。使昧者脩明，而遂告以信，武也。人知不棄，愛守正户。上下和協，靡敵不下。於守正户，言不逃亡。執彼玉珪，以居其宇。庶民咸畊，童壯無輔。無拂其取，通其疆土。民之望兵，若待父母。彼謂亂邦之君。是故天下一旦而定，有四海。❹

---

❶「布」，朱駿聲疑作「市」。
❷「損」，王引之疑作「捐」。
❸「遷」，《玉海》引作「選」。
❹「有」上，當脱「奄」字。

大武解第八

武有六制：❶政、攻、侵、伐、搏、戰。❷ 政者，征伐之政。善政不攻，善攻不侵，善侵不伐，善伐不搏，善搏不戰。❸ 言廟勝也。政有四戚、五和，❹攻有四攻、五良，❺侵有四聚、三斂，❻伐有四時、三興，❼搏有三哀、四赦，❽戰有六厲、五衛，❾六庠、五虞。❿ 此皆有義，然後能致其攻。

❶「六」，《北堂書鈔》卷一一三引作「七」。
❷「搏」，《書鈔》引作「陳」。下同。「戰」下，《書鈔》有「鬥」字。
❸「善政不攻」五句，《書鈔》作「善征不侵，善侵不伐，善伐不陣，善陣不鬥，善鬥不戰，善戰不鬥」。
❹「政有」下，《書鈔》有「九因因有」四字。
❺「攻」，《書鈔》作「凶」，下「四攻」同。「攻（凶）有」下，《書鈔》有「九開開有」四字。
❻「侵有」下，《書鈔》有「七酌酌有」四字。
❼「伐有」下，《書鈔》有「七機機有」四字。「興」，原作「與」，今據盧本改。
❽「搏（陣）有」下，《書鈔》有「七乘乘有」四字。
❾「戰有」下，《書鈔》有「十一振振有」五字。
❿「庠」，《書鈔》作「廣」。「六庠」上，《書鈔》有「鬥有十一客客有」七字。

四戚：一內姓、二外婚、三友朋、四同里。信所宜親也。五和：一，有天無惡；二，有人無郄；三，同好相固；四，同惡相助；五，遠宅不薄。雖遠居，皆厚之。此九者，政之因也。言因此以成政也。四攻者：一攻天時，二攻地宜，三攻人德，四攻行利。攻，謂奪其計使不成也。五良：一取仁，二取智，三取勇，四取材，五取藝。所務來而任之。良，當爲求字之誤也。此九者，攻之開也。言開此道以成攻也。四聚：一，酌之以仁；二，懷之以樂；三，旁聚封人；四，設圍以信。三斂：一，男女比；二，工次；❶三，祇人死。祇，敬。此七者，侵之酌也。言酌此法以成侵也。四時：一，春違其農；二，夏食其穀；三，秋取其割；四，冬凍其葆。此皆所用以敵之。凍，謂發露其葆聚。三興：一，政以和時；二，伐亂以治；三，伐飢以飽。此所行當之也。此七者，伐之機也。機，要也。以此要成其伐也。三哀：一，要不羸；❷二，喪人；❸三，擯厥親。哀敵人之困窮如此。要，當爲「惡」。擯，一作「損」。四赦：一，勝人必羸；二，取威信復；三，人樂生身；四，赦民所惡。羸謂益之，復謂有之，皆赦救也。此七者，摶之來也。所以懷來之也。六厲：一，仁厲

❶「工」上，于鬯疑脱「商」。
❷「要」，俞樾疑作「粟」。「羸」，盧本作「嬴」。
❸「人」上，《書鈔》有「民」字。

以行；二，智厲以道；三，武厲以勇；四，師厲以士；五，校正厲御；六，射師厲伍。厲，爲治政也。□□。五衛：一，明仁懷恕；❶二，明智輔謀；三，明武攝勇；四，明材攝士；五，明藝攝官。❷皆所以成戰矣。五虞：一，鼓走疑；二，備從來；三，佐車舉旗；四，采虞人謀；五，後動撚之。❸撚，從也。皆求安道令之道。

無競惟害，有功無敗。雖强，常念害則不敗也。

大明武解第九

畏嚴大武，曰維四方，畏威乃寧。大武之道四方畏威，天下乃寧之也。天作武，修戎兵，以助義正違。正順其義。順天行五官，官候厥政，謂有所亡。❹五官，舉大官之言。亡，無也。

城廓溝渠，高厚是量。謂敵人所處也。既踐戎野，備慎其殃，敬其嚴君，乃戰赦。言當明耳目，遠斥候。十藝必明，加之以十因，靡敵不荒。荒，敗也。陣若雲布，侵若風行；輕車翼衛，在

---

❶「恕」，《酆保解》作「怒」，盧本從之。

❷「攝官」下，《書鈔》有「此十一者，戰之振也。六廣：一明令，二明醜，三明賞，四明罰，五利兵，六競竟」。

❸「之」下，《書鈔》有「此十一者，鬥之客也」。

❹「謂」，唐大沛疑作「未」。

戎二方。奔敵之陣如此。我師之窮，靡人不剛。知敵之强，乃剛勇也。十藝：一大援，二明從，三餘子，四長興，五伐人，六刑餘，七三疑，八間書，九用少，十興怨。刑餘，赦徒。用少者，省費。興怨，離構也。十因：一樹仁，二勝欲，三賓客，四通旅，五親戚，六無告，七同事，八程巧，九□能，❶十利事。凡成皆有因也。勝欲，以義勝欲。藝、因代用，❷是謂强轉。❸應天順時，時有寒暑。言時有難易也。風雨饑疾，民乃不處。移散不敗，農乃商賈。❹

委以淫樂，賂以美女。謂扇動之，使沈惑也。主人若枝，❺□至城下。❻高堙臨内，日夜不解。枝，謂堅也。方陣並功，云何能禦？雖易必敬，是謂明武。禦，當也。

城高難平，湮之以土。開之以走路，俄傅器櫓。湮土，謂爲土山以臨之也。因風行火，障水

---

❶「□」，疑當作「多」。
❷「代」，原作「伐」，今改正。
❸「轉」，王念孫疑當作「輔」。
❹「應天順時」至「農乃商賈」一段，疑是他篇錯簡。
❺「枝」，元刊本同，餘諸本皆作「仗」。下注同。《四庫》本作「扙」，注亦同。
❻「□」，疑當作「師」。

水下。惠用元元，文誨其寡。❶言務□恤刑也。旁隧外權，隳城湮溪。老弱單處，其謀乃難。單處，無於保鄣。既克和服，使衆咸宜。竟其金革，是謂大夷。咸，皆。夷，平。

小明武解第十

凡攻之道，必得地勢，以順天時。觀之以今，稽之以古。兵，凶器；戰，危事，故以詳順之。稽，考也。攻其逆政，毁其地阻。立之五教，以惠其下。五教，五常之教也。矜寡無告，寔爲之主。五教允中，枝葉代興。❷爲之君。枝葉，謂衆善政也。國爲僞巧，後宫飾女。荒田逐獸，田獵之所。洊觀崇臺，❸泉池在下。淫樂無既，百姓辛苦。言凡有此事皆可伐。上有困令，乃有極□。❹上困下騰，戎遷其野。敦行王法，濟用金鼓。濟，成也。言以金鼓濟其伐。降以列陣，無悗怒□。按道攻巷，無襲門户。言不赦有罪，怒伐無辜。襲，掩也。無受貨賂，攻用弓弩。上下禱祀，靡神不下。具行衝

❶「文誨」，丁宗洛改作「不侮」。
❷「代」，原作「伐」，今據盧本改。
❸「洊」，程本、王本作「游」，盧本從。
❹「□」，丁宗洛補「下」字。

梯，振以長旗。先祈禱而後攻戰也。❶懷戚思終，左右憤勇。無食六畜，無聚子女。群振若雷，造於城下。皷行參呼，以正什伍。言士卒之奮厲也。上有軒冕，斧鉞在下。勝國若化，故曰明武。軒冕，所以爲賞也。

大匡解第十一❷

維周王宅程三年，遭天之大荒，程，地名，在岐州左右，後以爲國。初，王季之子文王因焉，而遭饑饉，後乃徙豐焉。作《大匡》，以詔牧其方。

三州之侯咸率，文王初未得三分有二，故三州也。率，謂奉順也。王乃召冢卿、三老、三吏、大夫、百執事之人朝于大庭。冢卿，孤卿。三吏，三卿也。大庭，公堂之庭。問罷病之故、政事之失、刑罰之戾、哀樂之尤、戾，罪。尤，過。賓客之盛、用度之費，及關市之征、山林之匱、田宅之荒、溝渠之害、匱、荒、害，皆謂官不脩無征。怠墮之過、驕頑之虐、水旱之菑。皆以爲失之者。

---

❶「祈」，原作「所」，今據鍾本改。「後攻」，原倒乙，今據盧本乙正。

❷「大匡」，疑當作「文匡」。篇内同。

曰：「不穀不德，政事不時，國家罷病，不能胥匡。二三子尚助不穀。❶官考厥職，鄉問其人，不尚，尚也。問人政得失。因其耆老，及其總害，慎問其故，無隱乃情。總衆人也。及某日，以告于廟。有不用命，有常不赦！」明日王至廟告。常者，常刑也。

王既發命，入食不舉。百官質方，□不食饗。❷王不舉樂，百官徹膳，以思其職。方，道。及期日，質明，王麻衣以朝，朝中無采衣。此凶服自居，爲荒變。

官考其職，鄉問其利，因謀其菑。旁匡於衆，無敢有違。衆，衆民也。百官率我，❸故無違。詰退驕頑，方收不服。慎惟怠墮，什伍相保。萬方放收其不服化者也。動勸游居，事節時茂。農夫任户，户盡夫出。茂，勉也。言無户不出夫以勸農。農廪分鄉，鄉命受糧。程課物徵，躬競比藏。農夫藏穀於廪，分在諸鄉。合課程比藏者，比方其收藏也。藏不粥籴，籴不加均。賦洒其幣，鄉正保貸。糧不加均，多從所有不限也。洒，散也。幣以籴，以貨窮也。成年不償，信誠匡助，以輔殖財。名曰貸而不償，所以生殖民財也。財殖足食，克賦爲征。數口以食，食均有賦。均民足食，

❶「尚」上，盧本據孔注補「不」字。

❷「□」，朱右曾疑作「咸」。

❸「我」，盧本改作「職」。

而征其賦以入官也。外食不贍，❶開關通糧。糧窮不轉，孤寡不廢。窮征困内，不轉出外也。滯不轉留，戍城不留，□足以守。出旅分均，馳車送逝，旦夕運糧。❷不成者不令留，❸足以守之。表皆共運之也。於是告四方遊旅：

旁生忻通，津濟道宿，所至如歸。有告者窮者有所歸也。幣租輕，乃作母以行其子。以貴重爲母，謂錢幣之屬。易資貴賤以均，遊旅使無滯。非但租賦作母行子，遊旅易資亦然。無粥熟，無室市。權内外以立均，無蚤暮。閭次均行，均平民財，行之無早晚之常也。均行衆從。積而勿□，以罰助均，無使之窮。平均無乏，利民不淫。雖積賞進有，無不隄防之，使民有過者罰其穀幣，其穀幣通以助均。無播蔬，無食種。可食之菜曰蔬。以數度多少，省用。國家常用。祈而不賓祭，❹服漱不制。不賓，殺禮。不制，不造新也。車不雕飾，人不食肉，畜不食穀。畜謂馬也。國不鄉射，樂不牆合。牆屋有補無作，皆爲荒降之也。資農不敗務。農桑之務不廢。非公卿不賓，賓不

❶「贍」，原作「瞻」，今據盧本改。
❷「糧」下，原衍「□」，今據諸本删。
❸「戍」，盧本改作「戍」。
❹「賓」，王引之疑衍。

過具。唯賓公卿，酒食而已。哭不留日，登降一等。❶留，盡也。降一等，爲荒廢之也。庶人不獨葬，伍有植。送往迎來亦如之。均恤輿迎亦如植，共送迎亦相救也。有不用命，有常不違！

程典解第十二

維三月既生魄，文王合六州之侯奉勤于商。三分天下有其二，以服事殷也。商王用宗讒，❷震怒無疆。宗，衆；疆，境也。諸侯不娱，逆諸文王。文王弗忍，乃作《程典》，以命三忠。❸娱，樂也。不忍從諸侯即王位，所以爲至德常典也。

曰：「助余體民，無小不敬。如毛在躬，拔之痛，無不省。毛以喻小也。無不省，故宜敬外也。政失患作，作而無備，死亡不誠。誠在往事，備必慎備。❹思地思地，❺慎制思制，慎人思人。慎德德開，開乃無患。以往事誡將來。開，通。言德合也。

---

❶「登」，王念孫疑作「祭」。

❷「宗」，洪頤煊等疑作「崇」。

❸「忠」，俞樾疑作「吏」。

❹下「備」字，陳逢衡疑衍。

❺上「思」字，潘振疑當作「慎」。

慎德必躬恕，恕以明德。德當天而慎下，以慎道教天下。下爲上貸。❶力競以讓，讓德乃行。以讓爲化。慎下必翼上。翼，敬也。上中立而下比争，❷省和而順慎同。❸携乃争，和乃比。中立，謂無比也。比事無政，無政無選。無選民乃頑，頑乃害上。無雋選之事在官，故頑民害上。故選官以明訓，頑民乃順。

慎守其教，小大有度，以備菑寇。小大，□吉凶也。❹協其三族，固其四援，明其五候，❺習其武誡。修文教、誡武備，聖王之事。依其山川，通其舟車，利其守務。士大夫不雜於工商。使各專其業。商不厚，工不巧，❻農不力，不可成治。❼必善其事，治乃成也。士之子不知義，不可以長幼。有士行之義方爲正。❽工不族居，不足以給官。族不鄉别，不可以入惠。族，謂群也。雖不

❶「貸」，劉師培疑是「貳」訛。
❷「比争」，當作「不比」，脱「不」字，「争」字涉下衍。
❸「和」，唐大沛疑當作「私」。「慎同」二字，原衍，今據盧本删。
❹「□」，唐大沛疑作「謂」。
❺「五」，盧本改作「伍」。
❻「巧」，原作「朽」，今據盧本改。
❼「成」，原作「力」，今據盧本改。
❽「正」，盧本據王本改作「士」。

別其鄉，所以行其惠也。爲上不明，爲下不順，無醜。言國無恥醜也。輕其行，多其愚，不習。❶不重其行，自多其愚，何智之有？

慎地必爲之圖，以舉其物。物其善惡，別其地所生物之善惡也。度其高下，利其陂溝，愛其農時，修其等列，務其土實。務其勤樹範也。❷差其施賦，設得其宜，宜協其務，務應其趣。言其所施當也。

慎用必愛。工攻其材，商通其財，百物鳥獸魚鼈，無不順時。順時，所爲愛之也。生穡省用，不濫其度。津不行火，❸藪林不伐。濫，過也。非時不火不伐也。牛羊不盡齒不屠。老不任用食之。土勸不極美，美不害用，用乃思慎。□備不敬，❹不意多□。❺用寡立親，用勝懷遠，遠格而邇安。多用，謂振施也。

❶「習」，盧本據卜本改作「智」。
❷「範」，盧本改作「藝」。
❸「津」，王念孫疑當作「澤」。
❹「□」，唐大沛疑作「無」。
❺「□」，陳逢衡等疑作「用」。

於安思危，於始思終，於邇思備，於遠思近，於老思行，❶不備。無違，嚴戒！必有忍，乃有濟也。終，謂終其義也。❷格，至也。

程寤解第十三亡

秦陰解第十四亡

九政解第十五亡

九間解第十六亡

劉法解第十七亡

---

❶「老」，鍾本作「者」，蓋借作「止」。

❷「義」下，原衍「之」字，今據盧本删。

文開解第十八亡

保開解第十九亡

八繁解第二十亡

逸周書卷第三

鄷保解第二十一

維二十三祀庚子朔，❶九州之侯咸格于周。王在鄷，昧爽，立于少庭。王告周公旦曰：「嗚呼！諸侯咸格，來慶辛苦役商。吾何保守，何用行？」旦拜手稽首曰：「商爲無道，棄德刑範，欺侮群臣，辛苦百姓，忍辱諸侯，莫大之綱福其亡，亡人惟庸。王其祀德純禮，明允無二，卑位柔色金聲以合之。」王乃命三公九卿及百姓之人曰：「恭敬齊潔，咸格而祀于上帝。」

商饋始于王，因饗諸侯，重禮庶吏。出送于郊，樹昏于崇。內備五祥、六衛、七厲、十敗、四葛，外用四蠹、五落、六容、七惡。

五祥：一，君選擇；二，官得度；三，務不舍；四，不行賂；五，察民困。六衛：一，明仁懷恕；二，明智設謀；三，明武攝勇；四，明才攝士；五，明藝法官；六，明命攝政。七厲：

---

❶「二」，疑作「王」。「庚子」，疑作「戊子」。

一，翼勤厲務；二，動正厲民；三，静兆厲武；四，翼藝厲物；五，翼言厲復；六，翼敬厲衆；七，翼知厲道。❶十敗：一，佞人敗撲；❷二，諂言毁積；三，陰資自舉；四，女貨速禍；五，比黨不揀；六，佞説鬻獄；七，神龜敗卜；八，賓祭推谷；九，忿言自辱；十，異姓亂族。四葛：一，葛其農，時不移；二，費其土，慮不化；三，正賞罰，獄無姦奇；四，葛其戎謀，族乃不罰。四蠹：一，美好怪奇以治之；❸二，淫言流説以服之；三，群巧仍興以力之；四，神巫靈寵以惑之。五落：一，示吾貞，以移其名；二，微降霜雪，以取松柏；三，信蟜萌，莫能安宅；四，厚其禱巫，其謀乃獲；五，流德飄狂，❹以明其惡。六容：一，游言；二，行商工；三，軍旅之庸；四，外風之所揚；五，因失而亡，作事應時時乃喪；❺六，厚使以往，來其所藏。七惡：一，以物角兵；二，令美其前，而厚其傷；三，間於大國，❻安得吉凶；四，交其所親，静

❶「知」，疑當作「和」。
❷「撲」，鍾本、王本作「樸」，盧本從。
❸「治」，疑是「冶」誤。
❹「德」，劉師培疑作「直」。「狂」，趙本、吴本作「枉」，盧本從。
❺「作事應時時乃喪」七字，疑衍，當在下文。
❻「於」，原作「得」，今據諸本改。

之以物則，以流其身；五，率諸侯以朝賢人，而已猶不往；六，令之有求，遂以生尤；七，見親所親，勿與深謀，命友人疑。

旦拜曰：「嗚呼！　王孫其尊天下。　適無見過過適，❶無好自益，以明而迹。　嗚呼，敬哉！　視五祥、六衛、七厲、十敗、四葛不修，國乃不固。　務周四蠹、五落、六容、七惡。　不時不允，不率不緩，反以自薄。　嗚呼！　深念之哉，重維之哉！　不深，乃權不重。　從權乃慰，不從乃潰，潰不可復。❷　戒後人其用汝謀。」❸王曰：「允哉！」

大開解第二十二

維王二月既生魄，王在酆，立于少庭，兆墓九開，❹開厥後人八儆、五戒。

八儆：一，□旦于開；❺二，躬修九過；三，族修九禁；四，無競維義；五，習用九教；

❶ 上「適」字，王念孫疑衍。「過」字重，當删其一。
❷ 「潰」，原作「瀆」，今據盧校改。
❸ 「其用」上，原衍「復戒後人」四字，今據盧本删。
❹ 「九」，王念孫疑當作「大」。
❺ 「于」，吴本、王本作「手」。

六，□用守備；七，足用九利；八，寧用懷□。❶五戒：一，祗用謀宗；二，經內戒工；三，無遠親戚；四，雕無薄□；五，禱無憂玉，及爲人盡不足。

王拜：「儆我後人，謀競不可以藏。戒後人其用汝謀，維宿不悉，日不足。」

小開解第二十三

維三十有五祀，王念曰：「多□，正月丙子拜望，食無時。汝開後嗣謀曰：嗚呼，于來後之人！余聞在昔曰：❷『明明非常，維德曰爲明。』食無時，汝夜何修非躬，何慎非言，何擇非德？

「嗚呼，敬之哉！汝恭聞不命，賈粥不讎。謀念之哉！不索禍招，無曰不免。不庸不茂，不次。人畜不謀，迷棄非人。❸朕聞用人不以謀説，説惡諂言。色不知適，適不知謀。謀泄，汝躬不允。

❶「□」，丁宗洛疑作「柔」。

❷「聞」，原作「開」，今據諸本改。

❸「迷」，元刊本同，餘諸本作「遷」。

「嗚呼！敬之哉，後之人！朕聞曰：謀有共軵，如乃而舍。人之好佚而無窮、貴而不傲、富而不驕、兩而不争、聞而不遥、遠而不絶、窮而不匱者，鮮矣。汝謀斯何嚮非翼，維有共枳？枳亡重，大害小，不堪柯引。維德之用，用皆在國。謀大，鮮無害。

「嗚呼！汝何敬非時，何擇非德？德枳維大人，大人枳維卿，❶卿枳維大夫，大夫枳維士，登登皇皇。□枳維國，❷國枳維都，都枳維邑，邑枳維家，家枳維欲無疆。

「動有三極，用有九因，因有四戚、五和。❸極明與，與有畏勸。汝何異非義，何畏非世，何勸非樂？謀獲三極無疆，動獲九因無限。務用三德，順攻奸□。❹言彼翼，翼在意，仞時德。春育生，素草肅，疏數滿；夏育長，美柯華；務水潦，秋初藝；❺不節落，❻冬大劉。倍信何謀？本□時歲，至天視。

❶「維」下，盧本據《後漢書注》補「公公枳維」四字。
❷「□」，盧本據沈補「君」。
❸「和」，原作「私」，今據陳逢衡、丁宗洛諸家改。
❹「□」，朱補作「慝」。
❺「藝」，孫詒讓疑當作「刈」。
❻「不」，朱右曾疑當作「木」。

「嗚呼！ 汝何監非時，何務非德，何興非因，何用非極？ 維周于民人：謀競不可以。後戒後戒，宿不悉，日不足！」

文儆解第二十四

維文王告夢，懼後祀之無保。❶ 庚辰，詔太子發曰：「汝敬之哉！ 民物多變，民何嚮非利？ 利維生痛，痛維生樂，樂維生禮，禮維生義，義維生仁。

「嗚呼，敬之哉！ 民之適敗，上察下遂。信何嚮非私？ 私維生抗，抗維生奪，奪維生亂，亂維生亡，亡維生死。嗚呼，敬之哉！ 汝慎守勿失，以詔有司，夙夜勿忘，若民之嚮引。汝何慎非遂？❷ 遂時不遠。非本非標，非微非煇。壤非壤不高，水非水不流。

「嗚呼，敬之哉！ 倍本者槁，汝何葆非監？ 不維一保監順時，維周于民之適敗，無有時蓋。後戒後戒，謀念勿擇！」

❶ 「祀」，《史略》作「嗣」。
❷ 「何慎」，原倒乙，今據盧本乙正。

文傳解第二十五

文王受命之九年，時維暮春，在鄗，召太子發曰：❶「吾語汝所保所守，守之哉。厚德廣惠，忠信愛人，❷君子之行。❸ 四者君德。不爲驕侈，不爲靡泰，不淫於美，括柱茅茨，爲民愛費。❹ 言務儉也。因就不決曰括。❺ 山林非時不升斤斧，以成草木之長；川澤非時不入網罟，以成魚鼈之長；不麛不卵，以成鳥獸之長。畋漁以時，❻童，❼不夭胎。馬不馳鶩，❽土不失宜。

言土地所宜悉長之。

---

❶ 「召」，原脱，今從盧本據《太平御覽》卷八四所引補。
❷ 「愛人」，據孔注及《御覽》所引當作「志(慈)愛」。
❸ 「君子」，《御覽》引作「人君」。
❹ 「民」，原脱，今據《御覽》補。
❺ 「不決」，盧本據《御覽》改作「木枚」。
❻ 「漁」，《御覽》引作「獵」。
❼ 「童」，《御覽》引作「不殺童羊」。
❽ 「馬不馳鶩」，《御覽》引作「童牛不服，童馬不馳」。

「土可犯，材可蓄。潤濕不穀，❶樹之竹葦莞蒲；礫石不可穀，樹之葛木，以爲絺綌，以爲材用。所爲土，不失宜。故凡土地之間者，聖人裁之，並爲民利。是魚鼈歸其泉，鳥歸其林，取之以時，不夭胎故。孤寡辛苦，咸賴其生。得所生長材用。山以遂其材，工匠以爲其器。百物以平其利，商賈以通其貨。無二德也。工不失其務，農不失其時，是謂和德。和故不失。土多民少，非其土也；土少人多，非其人也。是故土多，發政以漕四方，四方流之；漕，轉；流，歸。言移内人也。土少，安帑而外其務，方輸外設業而四民方輸穀。《夏箴》曰：『中不容利，民乃外次。』夏禹之箴戒書也。業舍次於田。《開望》曰：『土廣無守，可襲伐；土狹無食，可圍竭。二禍之來，不稱之災。』《開望》，古書名也。政以人土相稱爲善也。

「天有四殃，水旱饑荒，其至無時。非務積聚，何以備之？積財用，聚穀蔬。《夏箴》曰：『小人無兼年之食，遇天饑，妻子非其有也。大夫無兼年之食，遇天饑，臣妾輿馬非其有也。』❷古者國家三年必有一年之儲。非其有，言流亡也。戒之哉！弗思弗行，至無日矣！❸言不

❶「穀」，原作「谷」，今據諸本改。下同。

❷「非其有也」，《羣書治要》、《太平御覽》、《玉海》有「國無兼年之食，遇天饑，百姓非其有也」，各家或據補。

❸「至」上，當有「禍」字。

遠也。不明開塞禁舍者，❶其如天下何？不明，謂失其機。人各修其學而尊其名，聖人制之，制而業用。故諸横生盡以養從生，❷從生盡其養一丈夫。横生，萬物也。從生，人也。一丈夫，天子也。言兆民者天子也。

「無殺夭胎，無伐不成材，無墮四時。如此者十年，有十年之積者王，通三十年之計也。有五年之積者霸，無一年之積者亡。❸通計五年之計，有五年也積也。亡，爲無國家。生十殺一者物十重，生一殺十者物頓空。十重者王，頓空者亡。生多到重，生少到空。兵强勝人，人强勝天。能制其有者則能制人之有，勝天，勝有天命。不能制其有者則人制之。術自取之。令行禁止，王始也。❹出一曰神明，出二曰分光，政有二名，分君之明。光亦明也。出三曰無適異，❺出四曰無適與，無適與者亡。」君臣無適異，民無適與，不亡何待也？

---

❶「不明」上，《羣書治要》有「明開塞禁舍者取天下如化」十一字。

❷下「生」字，原脱，今據下文及《黄氏日鈔》所引補。

❸「一」，趙本、吴本作「二」。

❹「王」下，《羣書治要》有「之」字。

❺「異」，唐大沛疑當作「翼」。

柔武解第二十六

維王元祀一月，既生魄，王召周公旦曰：「嗚呼！　維在文考之緒功，此文王卒之明年春也。維周禁五戎。五戎不禁，厥民乃淫。此成周也，而謂之戎，言五者不禁，戎之道也。

「一曰土觀幸時，❶政匱不疑；二曰獄讐刑蔽，奸吏濟貸；濟貸，成其貨也。三曰聲樂□□，❷飾女滅德；四曰維勢是輔，維禱是怙；❸五曰盤游安居，枝葉維落。輔，□。怙，恃。盤游安居，皆害之術。

「五者不距，自生戎旅。故必以德爲本，以義爲術，以信爲動，以成爲心，❹以決爲計，以節爲勝。言以德爲本，以節爲勝，距戎之本也。務在審時，紀綱爲序。和均□里，❺以匡辛苦。

❶「土」，原作「王」，今據諸本改。
❷「□□」，疑作「損志」。
❸「維禱是怙」，鍾本作「根本已搖」。
❹「成」，盧本引趙説疑當作「誠」。
❺「□」，疑當作「鄉」。

匡，正也。辛苦，窮也。見寇□戚，靡適無□。❶勝國若化，不動金鼓，善戰不鬥，故曰柔武。四方無拂，奄有天下。」拂，違也。言威也。

大開武解第二十七❷

維王一祀二月，王在酆，密命密人及商紂謀周大命。訪於周公旦曰：「嗚呼！余夙夜維商，密不顯，誰和？言欲以毀選之商密。若歲之有秋，❸今余不獲，其落若何？」和捐萬物，而商密欲擯我周，不得其落，恐將亡。

周公曰：「茲在德敬。在周，其維天命。王其敬命！言天命在周，當敬命而已。遠戚無干，❹和無再失。維明德無佚，所親近疎遠也。再失，爲復失也。佚不可還。維文考恪勤戰戰，何敬何好何惡。時不敬，殆哉！」言一佚不可還，故念文王所敬。

王拜曰：「允哉！余聞國有四戚、五和、七失、九因、十淫，非不敬，不知。言非不欲敬，而

---

❶「□」，王念孫疑當作「下」。

❷「開」，原作「明」，今據諸本改。

❸「若」，原作「告」，今據《史略》及王念孫説改。

❹「干」，原作「十」，今據陳逢衡、丁宗洛、朱右曾、唐大沛諸家改。

未知所聞，欲知之也。今而言維格，余非廢善以自塞，維明戒是祗。」而，汝；格，至也。是余敬之。

周公拜曰：「兹順天。天降寤于程，程降因于商。❶商今生葛，葛右有周。❷言天寤周以和商謀。商朝生葛，是祐助周也。維王其明用《開和》之言，言孰敢不格？❸可否州濟曰和。欲其開臣以和，則忠告之言無不至也。

「四戚：一，内同姓；❹二，外婚姻；三，官同師；四，哀同勞。五和：一，有天維國；二，有地維義；三，同好維樂；四，同惡維哀；五，遠方不争。以文德來遠。七失：一，立在廢；二，廢在祗；三，比在門；四，諂在内；五，私在外；六，私在公；七，公不違。立所廢則功多，廢所敬則不見疑。□比諂近，公私于錯。公法不能違之，所謂失。九因：一，神有不饗；二，德有所守；❺三，才有不官；四，事有不均；五，兩有必争；六，富有别；七，貧有匱；八，好有遂；

---

❶「程」，俞樾疑爲衍文。
❷「葛」，俞樾疑爲衍文。
❸「言」，俞樾疑爲衍文。
❹「姓」，原涉下作「外」，今據潘振、丁宗洛、朱右曾改。
❺「所守」，盧本改作「不守」。

九，敵有勝。此皆因其事而以誤彼國也。十淫：一，淫政破國。動不時，民乃不保。❶二，淫好破義。言不協，民乃不和。三，淫樂破德。德不純，民乃失常。四，淫動破醜。醜不足，民乃不讓。五，淫中破禮。禮不同，民乃不協。六，淫采破服。服不度，民乃不順。七，淫文破典。典不式教，民乃不類。八，淫權破故。故不法官，民乃無法。九，淫貸破職，❷百官令不承。十，淫巧破用。用不足，百意不成。

「嗚呼！十淫不違，危哉！今商維茲，言商紂所行，如此十者之所蔽。其唯第。茲命不承，殆哉！不奉天命則危殆也。若人之有政令，廢令無赦，乃廢天之命？訖文考之功緒，忍民之苦，不祥。廢政令，罪不赦，而乃廢天命？□父之業，忍民患，是不祥也。若農之服田，務耕而不耨，維草其宅之；既秋而不獲，維禽其饗之，人而獲飢，去誰哀之？」❸草居之，是農不脩也。獸食之，是飢也。己自取之，是時矜之，父業之遵。

王拜曰：「格乃言！」「嗚呼！夙夜戰戰，何畏非道，何惡非是？不敬，殆哉！」王乃以周公言爲至，故拜也。

❶「乃」，原脱，今據《北堂書鈔》卷三〇所引補。
❷「貸」，劉師培疑當作「貳」。
❸「去」，盧本改作「云」。

小開武解第二十八

維王二祀一月既生魄，王召周公旦曰：「嗚呼！余夙夜忌商，不知道極，敬聽以勤天下。」

周公拜手稽首曰：「在我文考，❶順明三極，躬是四察，循用五行，戒視七順，順道九紀。皆文王所行之。三極既明，五行乃常。四察既是，七順乃辨。明勢天道，九紀咸當。順德以謀，罔惟不行。言化道大行也。

「三極：一，維天九星；二，維地九州；三，維人四左。九星，四方及五星也。四左，疏附、禦侮、奔走、先後是也。四察：一，目察維極；二，耳察維聲；三，口察維言；四，心察維念。四者當所必察真僞。五行：一黑位水，二赤位火，三蒼位木，四白位金，五黃位土。言其所順而勤。七順：一，順天得時；二，順地得助；三，順民得和；四，順利財足；五，順得助明；六，順仁無失；七，順道有功。順天時得天道，順道有功得人功。九紀：一，辰以紀日；二，宿以紀月；三，日以紀德；四，月以紀刑；日月之會曰晨。甲乙十者，於四方以紀日。宿次十二，紀十二月次。日

❶「在我」，《史略》作「在昔」。

爲禮，月爲法也。五，春以紀生；六，夏以紀長；七，秋以紀殺；八，冬以紀藏；九，歲以紀終。四時終則成歲。時候天視，可監。時不失，以知吉凶。」天視言視天時。

王拜曰：「允哉！余聞在昔，訓典中規。非時，罔有格言日正余不足。」謙以受。

寶典解第二十九

維王三祀二月丙辰朔，王在鄗，召周公旦曰：「嗚呼，敬哉！朕聞曰：何脩非躬？躬有四位、九德。言脩身以四位九德也。何擇非人？人有十姦。凡人所不能免者。何有非謀？❶謀有十散，不圉我哉！圉，禁也。何慎非言？言有三信。信以生寶，寶以貴物，物周爲器。周用之爲器。美好寶物無常，維其所貴。信無不行。貴在周用。行之以神，振之以寶，順之以事，明衆以備，改□以庸，❷庶格懷患。言治實以器用。

「四位：一曰定，二曰正，三曰静，四曰敬。敬位丕哉！静乃時非。正位不廢，定得安宅。丕，大也。時非，待時不動。

❶「有」，疑當作「善」，丁宗洛疑作「舉」。

❷「改」，唐大沛疑是「攻」訛。

「九德：一孝。子畏哉，乃不亂謀。二悌。悌乃知序，序乃倫；倫不騰上，上乃不崩。不騰，不越，不相超越。三慈惠。茲知長幼。知長幼，樂養老。四忠恕。是謂四儀。風言大極，意定不移。儀，言也。五中正。是謂權斷，補損知選。六恭遜。是謂容德。以法從權，安上無慝。選，數。慝，惡。七寬弘。是謂寬宇。準德以義，樂獲純嘏。純，大也。嘏，大也。謂之大夫之福。八温直。是謂明德。喜怒不郄，主人乃服。郄，閒也。九兼武。是謂明刑。惠而能忍，尊天大經。九德廣備，次世有聲。❶長令有問。

「十姦：一，窮□干靜；二，酒行干理；三，辯惠干智；四，移潔干清；五，死勇干武；賓少而曰多曰移也。六，展允干信；七，比譽干讓；八，阿衆干名；九，專愚干果；十，愎孤干貞。十者皆不誠之行，故曰姦。

「十散：一，廢□□□，□行乃泄，□□□□□□□；三，淺薄間瞞，其謀乃獲；四，説咷輕意，乃傷營立；五，行恕而不顧，弗憂其圖；間瞞不察，謂聽謀也。六，極言不度，其謀乃費；七，以親爲疎，其謀乃虚；八，心思慮適，❷百事乃僻；九，愚而自信，不知所守；十，不

❶「次世」，鍾本作「没世」。

❷「思」，元刊本同，餘諸本作「私」。

釋太約，見利忘親。適，單也。言二者皆散汝成。

「三信：一，春生夏長無私，民乃不迷；二，秋落冬殺有常，政乃盛行；三，人治百物，物德其德，是謂信極。」言其信至。

「而其余也，信既極矣？」「嗜欲□在。在不知義，欲在美好有義，是謂生寶。」以義爲寶。

周公拜手稽首興曰：「臣既能生寶，恐未有，子孫其敗。有□其心恐有寶，而子能有以致治也。既能生寶，未能生仁，恐無後親。王寶生之，恐失王會，道維其廢。」會所當會之寶。

王拜曰：「格而言！維時余勸之以安位，教之廣。❶安位，謂信有德。用寶而亂，亦非我咎。上設榮禄，不患莫仁。言以榮禄禄□仁也，❷則用是榮人也。仁以愛禄，允維典程。既得其禄，又增其名，上下咸勸，孰不競仁？維子孫之謀，寶以爲常。」言仁人以愛禄爲常法，則人皆競仁，欲愛子孫，謀此爲常。

---

❶「教之廣」三字，據上文疑當作「教之以廣義」。

❷「□」，唐大沛補作「賢」。

酆謀解第三十

維王三祀，王在酆，謀言告聞。自文王受命至此，十年也。知敵情向人問，人日謀以紂聞酆謀告武王也。❶王召周公旦曰：「嗚呼！商其咸辜，維日望謀建功。❷謀言多信，❸今如其何？」言商君臣皆罪，周日望以周建功也。周公曰：「時至矣！」乃興師循故。❹言何伐紂之時至。謂循古法。初用三同：一，戚取同；二，任用能；三，矢無聲。矢，誓言。誓衆以盡心也。三讓：一，近市；二，賤粥；三，施資。以財讓也。近來民市，旅資以惠也。三虞：一，邊不侵内；二，道不毆牧；❺三，郊不留人。虞，禁也。設此三禁，所以悦也。

王曰：「嗚呼！允從！三三，無咈，厥徵可因。言三讓、三同、三虞無違，言善徵可用以立功

❶ 盧本删「日」下「謀」字及「酆謀」二字。

❷ 「謀」，據《史略》當是衍文。

❸ 「謀」，《史略》作「諜」。

❹ 「循故」，孫詒讓疑當作「脩固」。

❺ 「牧」，原作「收」，今據盧本改。

也。❶與周同愛，愛微無疾。❷疾取不取，疾至致備。疾，惡。由禱不德，❸不德不成。害不在小，終維實大，悔後乃無。曲爲非義，神不聽之。帝念不諂，❹應時作謀。不敏，殆哉！」周公曰：「言斯允格，❺誰從己出。❻出而不允，乃菑。」帝，天也。諂，僭也。敏，疾也。往而不往，乃弱。士卒咸若周一心。不往則是弱，一心則不時也。❼

寤敬解第三十一❽

維四月朔，王告儆，召周公旦曰：「嗚呼，謀泄哉！今朕寤，有商驚予。言夢爲紂所伐，故

---

❶「言」，丁宗洛改作「其」。
❷「微」，陳逢衡從戴清説改作「徵」。
❸「由」，盧本云：疑本是「曲」字，故注云然。
❹「念」，盧本作「命」，諸家從之。
❺「言斯」，丁宗洛倒乙。
❻「誰」，孫詒讓校云：當作「維」之形聲相近而誤。
❼「不時」，盧本從卜本作「瘫時」。
❽「敬」，盧本改作「儆」。

驚。欲與無□則，❶欲攻無庸，以王不足。戒乃不興，憂其深矣！」戒不興，言所憂不從戒中來也。❷周公曰：「天下不虞周，驚以寤王，王其敬命！奉若稽古維王，虞，度。若，順。克明三德維則，三德，剛、柔、正直。戚和遠人維庸。和近人則遠人用。攻王禱，❸赦有罪，❹懷庶有，❺兹封福。庶，衆。封，大。監戒善敗，護守勿失。無虎傅翼，❻將飛入宫，❼擇人而食。❽不驕不悋，❾時乃無敵。」此是義也。王拜曰：「允哉！余聞曰：維乃予謀，謀時用臧。不泄不竭，維

---

❶「□」，丁宗洛、唐大沛、朱駿聲、俞樾均主删。
❷「戒中」，程本、吴本作「職中」。「不從」，丁宗洛從丁浮山倒乙。
❸「攻」，丁宗洛改作「致」。「王禱」，唐大沛疑作「巫禱」。
❹「赦」，陈逢衡疑爲「殺」之誤。
❺「庶有」，唐大沛疑當倒乙。
❻「虎」上，王念孫云：據《韓非子・難勢》當有「爲」字。
❼「宫」，盧本據《韓非子・難勢》引改作「邑」。
❽「擇」，唐大沛疑爲「攫」之誤。
❾「悋」，朱右曾改作「吝」。

天而已。聞古言也。天道無窮。❶余維與汝監舊之葆，咸祇曰：「後戒維宿。」❷言宿古文，文戒於心。

武順解第三十二

天道尚右，日月西移。地道尚左，水道東流。❸人道尚中，耳目役心。言耳目爲心所役也。心有四佐，不和曰廢。四佐，脾、腎、肺、肝也。地有五行，不通曰惡。金、木、水、火、土更相生。天有四時，不時曰凶。天道曰祥，地道曰義，人道曰禮。知祥則壽，知義則立，知禮則行。言其相通。禮義順祥曰吉。吉禮左還，順地以利本。本謂人也。武禮右還，順天以利兵。天右還也。將居中軍，順人以利陣。人尚中。

人有中曰參，無中曰兩。兩爭曰弱，三和曰彊。❹有中必有兩，❺故曰參。男生而成三，女

❶「無窮」，程本、吴本、王本作「無常」，盧本從之。
❷「後戒」，盧本作「戒戒」。
❸「東」，原作「中」，今據鍾本、王本及盧本改。
❹「彊」，原作「疆」，今據上下文改。
❺「兩」，原作「□」，今據文義補。

生而成兩，❶五以室成。室成以民生，民民以度。❷陽奇陰耦，謂相配成室。左右手各握五，左右足各履五，曰四枝。元首曰末。四枝，手足。元首，頭也。五五二十五，曰元卒。伍，兵名。一卒居前曰開，一卒居後曰敦。開謂啓，敦謂服。左右一卒曰閭，四卒成衛曰伯。皆陣名。伯，卒名。三伯一長曰佐，三佐一長曰右，九伯卒也。三右一長曰正，三正一長曰卿，三卿一長曰辟。伯卒則右，千卒則正，三千卒則卿，萬卒舉令之於君。辟，君也。此謂諸侯三軍數起於伍，故不正相當。

辟必明，卿必仁，正必智，右必和，言其德如此乃堪其任也。佐必敬，伯必勤，卒必力。卒三十五人之師，故以勇力爲之也。辟不明無以慮官，卿不仁無以集衆。伯不勤無以行令，卒不力無以承訓。訓，謂先後辟也。承，謂奉行後令也。均卒力貌而無比，比則不順。❸比者，比同也。均伯勤勞而無携，携則不和。携，離。均佐和敬而無留，❹留則無成。留，遲。均右肅恭而無羞，羞則不興。辟必文，聖如度。言聖君有所爲如度，度功不有差也。元忠尚讓，❺親均惠下，集固介

❶「兩」，原脱，今據盧本補。

❷「民民」，盧本改作「民生」。

❸「比」，原脱，今據程本、王本補。

❹「和」，盧本從沈説與下句「肅」字互易，潘振、陳逢衡從。

❺「元」，孫詒讓疑當作「允」。

德。介，大也。言必所集，則常在大道也。危言不干德曰正，不干，謂不犯也。正及神人曰極，世世能極曰帝。極，謂其上。

武穆解第三十三

曰若稽古。曰：昭天之道，熙帝之載，揆民之任，夷德之用。夷，常。總之以咸殷，等之以□禁，成之以□和。咸，皆；殷，盛也。皆以法總之也。咸康于民，卿格維時，監于列辟。視古公列也，君以爲師也。敬惟三事，永有休哉！三事：一倡德，二和亂，三終齊。

德有七倫，亂有五遂，齊有五備。五備：一，同往路，以揆遠邇；二，明要醜友德，❶以衆爾庸；三，明辟章遠，以肅民教；四，明義倡爾衆，❷教之以服；五，要權文德，不畏强寵。同往路，❸謂□遠之也。教之以服先王法服也。五遂：一，道其通，以決其壅；❹二，絶□無赦，不疑；三，挫鋭無赦，不危；四，閑兵無用，不害；五，復尊離群，不敵。群離，故不敵也。七倫：

❶「要」，陳逢衡、丁宗洛並疑衍。
❷「爾」，陳逢衡疑衍。
❸「往」，原作「生」，今據諸本改。
❹「以」，原作「一」，今據諸本改。

一，毁城寡守不路；路，通。二，通道不戰；❶三，小國不凶不伐；四，正維昌静不疑；五，睦忍寧于百姓；❷中厚忍辱。六，禁害求濟民；七，一德訓民，民乃章。明於教訓。欽哉欽哉！余夙夜求之無射。

❶「戰」，原作「載」，今據諸本改。
❷「忍」，劉師培疑是「仁」之誤。

逸周書卷第四

和寤解第三十四

王乃出圖商，至于鮮原，近岐周之地也。小山曰鮮。召召公奭、畢公高。王曰：「嗚呼，敬之哉！無競惟人，人允忠。❶惟事惟敬，小人難保。言王以多賢人爲强，保安之也。后降惠于民，民罔不格。惟風行賄，賄無成事。❷人之歸惠如草應風，如用賄，則無成事。緜緜不絶，蔓蔓若何？豪末不掇，將成斧柯。」❸此言防患在微也。

王乃厲翼于尹氏八士，唯固允讓。厲，獎厲也。武王賢臣也。德降爲則，振于四方。行有令問，成和不逆。❹加用禱巫，神人允順。言皆順成和志也。

❶「允」下，《史略》有「惟」字。
❷「賄」，俞樾疑是「則」字之誤。
❸「成」，《北堂書鈔》卷三〇作「尋」。
❹「成」，劉師培疑當作「咸」。

武寤解第三十五

王赫奮烈，八方咸發。高城若地，商庶若化。言士卒應王之奮烈，❶視高城若平地。若化，恐怖也。約期于牧，案用師旅，商不足滅。分禱上下，於牧野將戰，先禱天地也。王食無疆。王不食言，庶赦定宗。言當赦其罪人，定其宗。言不食言也。尹氏八士、太師、三公，咸作有績。❷神無不饗。群臣言皆謀立功，而神明享其禱。王克配天，合于四海，惟乃永寧。德合四表。

克殷解第三十六

周車三百五十乘，陳于牧野。帝辛從。十三年正月。牧野，商郊。紂出朝歌二十里而迎戰也。武王使尚父與伯夫致師。❸挑戰也。王既以虎賁戎車馳商師，❹商師大敗。❺戎車三百五十乘，

❶「言士」，原作「主土」，今據程本、王本改。
❷「績」，盧本改作「續」。
❸「尚父」上，《史略》有「師」字。
❹「既」下，盧本據《御覽》補「誓」字。
❺「大敗」，盧本據《御覽》改作「大崩」，《史略》亦作「大崩」。

則士卒三萬六千三百五十人，有虎賁三千五百人也。商辛奔内，登于廩臺之上，❶屏遮而自燔于火。屏遮，自障。

武王乃手太白以麾諸侯，諸侯畢拜，遂揖之。太白，旗名。揖，召也。揖諸侯，共追紂也。商庶百姓，咸俟于郊。待文王於廓外也。群賓僉進曰：「上天降休！」再拜稽首。諸侯賀武王也。武王答拜，先入適王所，乃尅射之三發，❷而後下車，而擊之以輕吕，斬之以黄鉞，輕吕，劍名。折懸諸太白。❸斬絶其首。適二女之所，乃既縊。二女，妲己及嬖妾。縊，自縊也。王又射之三發，乃右擊之以輕吕、❹斬之以玄鉞，懸諸小白。玄鉞，黑斧。小白，旗名也。乃出，場于厥軍。❺場，平治社以及宫徹宜去者、宜居者居遷也。

及期，百夫荷素質之旗于王前。素質，白旗。前爲王道也。一作「以前于王」也。叔振奏拜

❶「廩臺」，盧本據《御覽》改作「鹿臺」。
❷「尅」，《藝文類聚》一二引《世紀》作「親」。
❸「折」，原作「拆」，今據諸本改。
❹「右」，王念孫疑衍。
❺「場于厥軍」，王念孫云：「此下當有明日修社及宫之事，而今本蓋脱。」

假，❶群臣諸侯應拜假者也。則曹叔振奏行也。又陳常車。周公把大鉞、召公把小鉞以夾王，❷常車，威儀車也。三公夾衛王也。泰顛、閎夭皆執輕呂以奏王。王入，即位于社。❸太卒之左，❹執王輕呂當門奏。太卒屯兵以衛也。群臣畢從。毛叔鄭奉明水，❺衛叔傅禮，❻群臣盡從王，而康叔相禮。召公奭贊采，師尚父牽牲。贊，佐；采，事也。倅王也。尹逸筴曰：「殷末孫受德迷先成湯之明，侮滅神祇不祀，紂字受德也。神祇，天地也。舉天地，則宗廟以下廢可知也。昏暴商邑百姓，其彰顯聞於昊天上帝。」言上天五帝皆知紂惡也。周公再拜稽首，❼乃出。受天大命以改殷天明命，王天□也。

立王子武庚，命管叔相。爲三監，監殷人。乃命召公釋箕子之囚，命畢公、衛叔出百姓之

❶「振」下，《史記·周本紀》有「鐸」字。
❷「召公」，當如《史記》作「畢公」。
❸「社」下，當如《史記》補「南」字。
❹「左」下，當如《史記》有「右」字。
❺「毛叔」，程本、鍾本作「毛伯」。
❻「禮」，劉師培疑「豊」字之訛。
❼「周公」，當如《史記》作「武王」。

囚。紂所拘囚者也。乃命南宫忽振鹿臺之財，❶巨橋之粟。❷忽即振散之，以施惠也。乃命南宫百達、史佚遷九鼎三巫。鼎，王者所傳寶。三巫，地名。乃命閎夭封比干之墓。益其緣也。乃命宗祝崇賓，❸饗禱之于軍。宗祝主祀。賓，敬也。饗祭前所禱之神。乃班。還鄗京也。

大匡解第三十七

惟十有三祀，王在管。管叔自作殷之監，❹東隅之侯咸受賜于王。王乃旅之，以上東隅。東隅，自殷以東。旅，謁名，使陳其政事者也。用大匡，順九則，八宅、六位。言大匡有此法。寬儉恭敬，夙夜有嚴。言當嚴敬，思所順也。昭質非樸，❺樸有不明。明執於私，私回不中。中忠於欲，思慧醜詐。中於欲，謂忠於絶私，私，欲也。昭信非展，展盡不伊。伊言於允，思復醜譖。展似信而非伊。伊，誰也。昭讓非背，背黨雍德。德讓於敬，思賢醜争。讓以得之，非背

---

❶「宫」，原作「官」，今據《史記》改。下同。
❷「巨橋」上，朱右曾補「散」字。
❸「祝」，原作「祀」，今從盧本據《史記》改。注同。
❹「管叔」下，《史略》有「蔡叔」二字。
❺「樸」，原作「撲」，今據諸本改。下同。

棄也。昭位非忿，忿非□直。直立於衆，思直醜比。位所以行道，非以息忿。忿，怒也。昭政非閑，閑非遠節。節政於進，思止醜殘。政以道民，以禁閑之也，❶故貴得節也。昭静非窮，窮居非意。意動於行，思静醜躁。仁者好静，窮非取樂。昭潔非爲，爲窮非涓。涓潔於利，❷思義醜貪。涓潔於利，不以自污。昭固非疾，❸疾非不貞。貞固於事，思任醜誕。疾，□。

昭明九則，九醜自齊。齊則曰知，悖則死勇。明此九法，則所醜義成。九法威，❹則苟死於勇，不知節。勇知害上，則不登于明堂。明堂，所以明道。明道惟法，惟以法化人。法人惟重老，重老惟寶。嗚呼！在昔文考戰戰，惟時祇祇。汝其言周尊重者老人，及政之寶也。❺文王唯敬是道，汝其用之。汝，諸侯也。夙夜濟濟，無競惟人。惟允惟讓，不遠群正，不邇讒邪。言當近正士遠讒人。汝不時行，汝害于士。士惟都人，孝悌子孫。不行是，文王之道其如此也。

---

❶「以」，盧本改作「非」。
❷「利」，原作「行」，今從盧本據孔注改。
❸「固」，原作「因」，今據下文改。
❹「威」，元刊本及諸本作「咸」。
❺「及」，疑是「乃」之誤。

不官則不長，官戒有敬。官、□、朝、道、舍、賓、祭、器曰八宅。❶官以長官，所戒惟敬，則人宅順矣。綏比新、故、外、内、貴、賤曰六位。安之比之，各以其道，則位順也。

大官備武，小官承長。❷承，奉。大匡封攝，外用和大。和平大國。中匡用均，勞故禮新。士大夫乃賓客。小匡用惠，施舍靜衆。靜，安也。禁請無怨，順生分殺。不忘不憚，不計分部，不失其理。俾若九則。生敬在國，❸國咸順，❹順維敬，敬惟讓，讓惟禮。言周大匡使順九則，生其所敬於國，國人皆順之以敬讓之禮也。辟不及，寬有永假。不及，言同假於王道。

文政解第三十八

惟十有三祀，王在管，管、蔡開宗循。❺管，管叔之邑。二叔開其宗族，循縞宗之政，❻言從化也。

---

❶「□」，疑當作「民」。「器」，劉師培疑當作「喪」。

❷「承」，原作「成」，今據孔注改。

❸「敬」，原作「欲」，今據盧本及孔注改。

❹「順」，原作「敬」，今據盧本及孔注改。

❺「管蔡」上，疑脱「命」字。「循」下，據孔注當有「政」字。

❻「縞宗」，鍾本、王本作「鎬京」。

王禁九慝，昭九行，濟九醜，尊九德，止九過，務九勝，傾九戒，固九守，順九典。九人所茂政也。濟，謂濟其醜以好也。順此戒也。

九慝：一，不類；二，不服；三，不則；四，□務有不功；五，外有內通；六，幼不觀國；七，間不通徑；八，家不開刑；❶九，大禁不令路徑。❷刑，法也。不令，❸不宣令也。九行：一仁、二行、三讓、四言、五固、六始、七義、八意、九勇。❹意於道也。九醜：思勇醜忘、思意醜變、思治醜亂、思固醜轉、思信醜奸、思讓醜殘、思行醜頑、思仁醜豐。殘，謂殘禮義也。九德：一，忠；二，慈；三，禄；四，賞；五，民之利；❺六，商工受資；七，祇民之死；八，無奪農；❻九，足民之財。❼敬死，勸葬也。足民之財也。九過：一，視民傲；二，聽民暴；三，遠慎而近

---

❶「刑」，鍾本作「列」。
❷「路徑」，王念孫疑作「徑路」。
❸「不」，原無，今據《讀書雜志·逸周書》「路徑」條補。
❹「言」，盧本改作「信」。「始」，盧本改作「治」。
❺「民」上，丁宗洛補「興」字。
❻「農」下，孫詒讓疑當有「時」字。
❼「足」，原作「是」，今從盧本據諸本改。「財」，原作「則」，今從盧本據鍾本、王本改。注同。

須;四,法令□亂;❶五,仁善是誅;六,不察而好殺;七,不念□害行;❷八,不思前後;九,偷其身不路而助無漁;❸九勝:一,□□□□;二,□□□□;三,同惡潛謀;四,同好和因;五,師□征惡;❹六,迎旋便路;七,明賂施舍;八,幼子移成;九,迪名書新。潛謀,潛密之謀也。移成,謂易子而教也。蹈名之子,書而新用。九戒:一,内有柔成;二,示有危傾;三,旅有罷寘;❺四,亂有立信;五,教用康經;❻六,合詳毁成;七,邑守維人;八,飢有兆積;九,勞休無期。柔成,善柔諂人也。罷寘,言□困倉暗也。康,逸也。合詳,無德而信也。守邑無備,恃其人衆,皆危道。九守:一,仁守以均;二,智守以等;三,固守以典;❼四,信守維假;五,城溝守立;六,廉守以名;七,戒守以信;八,競守以備;九,國守以謀。言假言立信當至於義也。九

❶「□」,丁宗洛補「舛」字。
❷「□」,陳逢衡、丁宗洛並疑是「而」。
❸「無」,朱右曾疑是衍文。
❹「□」,丁宗洛疑作「旅」。
❺「旅」,原作「旋」,今從盧本據諸本改。
❻「經」,于鬯疑當作「淫」。
❼「典」,原作「興」,今據程本、趙本、吴本改。

典：一，祇道以明之；二，稱賢以賞之；三，典師以教之；四，四戚以勞之；❶五，位長以遵之；六，群長以老之；七，群醜以移之；八，什長以行之；九，戒卒以將之。典師謀各隨所能而教之也。遵行之以戒之事也。將之軍旅行陣也。嗚呼！充虛爲害。無由不通，無虛不敗。陰陽姦謂之充。國無人謂之虛也。

大聚解第三十九❷

維武王勝殷，撫國綏民，乃觀於殷政，告周公旦曰：「嗚呼！殷政總總，若風草，有所積、有所虛，和此如何？」總總，亂也。有積、有虛，言不革也。

周公曰：「聞之文考，來遠賓，廉近者，道別其陰陽之利，相土地之宜、水土之便，禮遠賓廉近者，道總土宜，以愛民也。❸營邑制，命之曰大聚。先誘之以四郊，王親在之。四郊，自近始

❶「四」，丁宗洛改作「因」。
❷「第」，原闕，今據全書體例補。
❸「愛」，原作「受」，今據盧本改。

也。在，存也。❶賓大夫免列以選，赦刑以寬，復亡解辱，亡者復之，辱者解之。削赦□重皆有數，❷此謂行風。行風化也。乃令縣鄙商旅曰：『能來三室者，與之一室之禄。』以一大夫之耕禄者。闢關修道，❸五里有郊，十里有井，二十里有舍。待行旅也。遠旅來至，關人易資。舍有委，貿易供其資也。市有五均，早暮如一，送行逆來。振乏救窮，❹均，平也。言早暮一價。老弱疾病、孤子寡獨，惟政所先。當先恤也。民有欲畜，發令。命之畜牧。

「以國爲邑，以邑爲鄉，以鄉爲閭。禍灾相衈，資喪比服。邑、閭比相救衈。比服，祖喪服也。五户爲伍，以首爲長。十夫爲什，以年爲長。首爲伍家寂服。合閭立教，以威爲長。合旅同親，以敬爲長。教由威行，旅會敬親。飲食相約，興彈相庸，❺耦耕□耘。❻男女有婚，墳墓相

---

❶「存」，趙本、吴本作「察」。

❷「□」，王本作「輕」。

❸「闢」，原作「開」，今從王念孫説據《玉海》所引改。

❹「振」，鍾本作「賑」。

❺「興」，原作「與」，今據程本、鍾本、吴本改。

❻「□」，丁宗洛補「俱」字。

連，民乃有親。言相通也。六畜有群，室屋既完，民乃歸之。六畜，牛、馬、猪、羊、犬、雞。鄉立巫醫，❶具百藥以備疾災，畜百草以備五味。❷草味同。❸言五味，非一也。立勤人以職孤，立正長以順幼，❹立職喪以卹死，立大葬以正同，職，司。❺立君子以脩禮樂，❻立小人以教用兵，禮樂干戚兵之也。立鄉射以習容，❼春和獵耕耘以習遷行，群行出入，坐起隨行。教茅與樹藝，❽比長立職，與田疇皆通，根衍田茅，比長之職通連比也。立祭祀，與歲穀登下厚薄。此謂教德。❾登下，隨穀豐儉也。若其凶土陋民，賤食貴貨，是不知政。不順政，故曰凶。

---

❶「鄉」，原作「卿」，今據程本、鍾本改。下「鄉射」同。
❷「畜百草以備五味」，原作「畜五味以備百草」，今據王念孫説乙正。
❸「同」，盧本疑作「不同」。
❹「立勤人」至「以順幼」十二字，俞樾疑當作「立正長以勤人，立職孤以順幼」。
❺「司」，原作「同」，今據丁宗洛改。
❻「立」，原入上句注文，今據鍾本、王本改。
❼「容」，原作「客」，今據程本、鍾本改。
❽「教茅與樹藝」，疑當作「□□耕耘，教與（以）樹藝」。
❾「教德」，原倒乙，今據孫詒讓説乙正。

「山林藪澤，以因其□。❶ 工匠役工，以攻其材。商賈趣市，以合其用。言政行也。外商資貴而來，貴物益賤。資賤物出貴物，以通其器。通其有無，使相□也。夫然則關夷市平，財無鬱廢，商不乏資，百工不失其時。無愚不教，則無窮乏，❷此謂和德。言政治和之所致也。若有不言，乃政其凶。陂溝道路、叢苴丘墳，不可樹穀者樹之材木。除叢種木。春發枯槁，夏發葉榮，秋發實蔬，冬發薪烝，以匡窮困。以此匡之也。揖其民力，相更爲師。因其土宜，以爲民資。更相爲師，匡資次用也。❸ 則生無乏用，死無傳尸。❹ 此謂仁德。傳於溝壑。

「旦聞禹之禁，春三月山林不登斧斤，❺以成草木之長；夏三月川澤不入網罟，以成魚鱉之長。且以并農力執，成男女之功。男耕女桑，成此功也。夫然則有土而不失其宜，❻萬物不失其性，人不失其事，天不失其時，以成萬財。萬財既成，放此爲人。此謂正德。放散供人

❶ 「□」，丁宗洛補「利」字。
❷ 「則無窮乏」，原作「□無窮乏則」，今據盧本改。
❸ 「次」，劉師培疑是衍字。案本作「次」，乃「資」之字，後注入正文。
❹ 「死」，原作「使」，今據鍾本、王本改。
❺ 「斤」，原脱，今據《文傳解》及《路史》引補。
❻ 「土」，原作「生」，今據《藝文類聚》引改。

用也。泉深而魚鼈歸之，草木茂而鳥獸歸之。稱賢使能官有材，而士歸之。❶關市平，商賈歸之。分地薄斂，農民歸之。水性歸下，農民歸利。歷言自然之至。王若欲求天下民，❷先設其利，而民自至。譬之若冬日之陽、夏日之陰，不召而民自來。此謂歸德。政善，德之至也。五德既明，民乃知常。」

世俘解第四十

武王再拜曰：「嗚呼，允哉！天民側側，余知其極有宜。」側側，喻多。長有國也。乃召昆吾，治而銘之金版，❸藏府而朔之。昆吾，古之利治。朔，月旦朔省之也。

維四月乙未日，武王成辟，四方通殷命有國。言成者，執殷俘，通之以爲國也。此克紂還歸而作也。惟一月丙辰旁生魄，若翼日丁巳，❹王乃步自于周，❺征伐商王紂。旁，廣大，月大時也。

❶「士」，原脱，今據盧本改。
❷「求」，《玉海》引作「來」，王念孫亦疑當是「來」字之誤。
❸「治」，原作「治」，今據孔注及諸本改。
❹「丙辰」、「丁巳」，盧本改作「丙午」、「丁未」，疑當如《漢書・律曆志》所引《武成》作「壬辰」、「癸巳」。
❺「于周」二字，當倒。

此本紀始伐紂，師度孟津也。越若來二月既死魄，越五日甲子朝至，接于商。越，於也。朔後爲死魄。則咸劉商王紂，執天惡臣百人。劉，尅也。天惡臣，崇侯之崇。

太公望命禦方來，丁卯望至，告以馘俘。太公受命追禦紂黨方來。戊辰，王遂禦，❶循追祀文王。❷時日，王立政。禦追循亦祀。以尅紂告祖考，壇墠而祭。是日立王政布天下。吕他命伐越戲方。壬申，荒新至，告以馘俘。吕他，將也。戲方，紂三邑也。侯來命伐靡集于陳。辛巳，至，告以馘俘。侯來，亦將也。靡、陳，紂二邑也。甲申，百弇以虎賁誓，命伐衛。告以馘俘。百弇，亦將。

辛亥，薦俘殷王鼎。殷國之鼎。武王乃翼矢珪矢憲，告天宗上帝。矢，陳也。稷木牢引於天也。王不革服，❸格于廟，秉語治庶國。❹籥人九終，不改終天之服，以告祖考，急於語治也。廟無別人也。王烈祖自太王、太伯、王季、虞公、文王、邑考以列升，維告殷罪。虞公，虞仲。邑考，文王子也。皆升王於帝。籥人造，王秉黄鉞正國伯。於籥人進，則王進王伯之仕也。壬子，王服袞衣

---

❶「禦」，于鬯疑「柴」字之誤。
❷「追」，原作「自」，今從盧本據孔注改。
❸「革」，原作「格」，今據諸本改。
❹「秉」下，朱右曾增「黄鉞」二字。

矢琰格廟。籥人造，王秉黄鉞正邦君。正諸侯之位也。癸丑，❶薦殷俘王士百人。王士，紂之士所囚俘者。籥人造，王矢琰，秉黄鉞。執戈。❷王奏庸大享一終。王拜手稽首。王定，奏其大享三終。大享，獻爵。奏庸，擊鏞。甲寅，謁伐殷于牧野。❸王佩赤白旂，籥人奏。武王入，進《萬》，獻《明明》三終。謁，告也。《明明》，詩篇名。武以干羽爲《萬》舞也。乙卯，籥人奏《崇禹》、《生開》三終，❹王定。《崇禹》、《生開》，皆篇名。告非一，故連日有事也。

庚子，陳本命伐磨，❺百韋命伐宣方，新荒命伐蜀。乙巳，陳本命新荒蜀磨至，告禽霍侯。俘艾佚侯小臣四十有六，禽禦八百有三百兩，告以馘俘。此復説尅紂所命伐也。庚子，三十六月禦大臣也。百韋至，告以禽宣方，禽禦三十兩，告以馘俘。百韋命伐厲，告以馘俘。言兩隅之言也。

---

❶「癸丑」，原作「癸酉」，今據諸本改。

❷「執」上，朱右曾疑當脱「虎賁」二字。

❸「伐」，原作「我」，今據莊校改。

❹「開」，當作「啟」，漢人避諱所改。「三」下，原衍「鍾」字，今據盧本删。

❺「磨」，當是「歷」誤。下同。

武王狩，禽虎二十有二、猫二、麋五千二百三十五、❶犀十有二、氂七百二十有一、熊百五十有一、羆百一十有八、豕三百五十有二、貉十有八、麈十有六、麝五十、麋三十、❷鹿三千五百有八。武王克紂，遂櫳其國所獲禽獸。

武王遂征四方，凡憝國九十有九國。憝，惡也。馘魔億有十萬七千七百七十有九，❸俘人三億萬有二百三十。武王以不殺爲仁，無緣馘億也。俘馘之多，此六言史也。凡服國六百五十有二。此屬紂也。□□。

時四月既旁生魄，越六日庚戌，武王朝至燎于周。維予冲子綏文。此於甲乙十六日也。先廟後天者，言功業已成故也。武王降自車，乃俾史佚繇書于天號。使史佚用書，重薦俘于天也。武王乃廢于紂矢惡臣人百人，伐右厥甲小子鼎大師，廢其惡人，伐其小子，乃鼎之衆也。伐厥四十夫家君鼎師。司徒、司馬初厥于郊號。言初克紂于商郊，號令所伐也。武王乃夾于南門用俘，皆施佩衣衣先馘入。言陳列俘馘于宗廟南門，夾道以示衆也。取乃表之，施之以耻也。武王在祀，太師

---

❶「麋」，原作「縻」，今據文義改。
❷「麋」，原作「麋」，今據朱右曾改。
❸上「十」字，當是「七」之誤。

負商王紂懸首白旂、妻二首赤旆，❶乃以先馘入，燎于周廟。王在祀，主使樂師以紂首及妻首所馘入廟燎也。

若翼日辛亥，祀于位，用籥于天位。此説詳庚戌明日郊天祭俘，所用籥衣事也。越五日乙卯，武王乃以庶祀馘于國周廟。翼予冲子。斷牛六、斷羊二，於辛亥五以諸侯祭日其有斷然者。庶國乃竟。告于周廟曰：古朕聞文考修商人典，以斬紂身，告于天于稷。言諸侯竟殺牲，自周廟天稷也。用小牲羊犬豕於百神、水土于誓社，百神，天宗。水土，山川。誓，告也。曰：惟予冲子綏文考。至于冲子。用牛于天于稷五百有四，乃宗廟山川也。用小牲羊犬豕于百神水土社二千七百有一。❷所用甚多，以皆釁之。

商王紂于商郊。更説始伐紂時。時甲子夕，商王紂取天智玉琰，璲身厚以自焚。天智，玉之上天美者也。璲環以自厚也。凡厥有庶告焚玉四千。衆人告武王焚玉四千也。五日，武王乃俾於千人求之，❸四千庶玉則銷，❹天智玉五在火中不銷。紂身不盡，玉亦不銷。凡天智玉，武王則

❶ 「旆」，程本、吴本、鍾本等皆作「旂」。
❷ 「犬」，原脱，今據上文例補。
❸ 「俾」，原作「裨」，今據諸本改。
❹ 「玉」，原脱，今據盧本補。

寶與同。言王者所寶不銷也。凡武王俘商舊玉億有八萬。❶

箕子解第四十一

耆德解第四十二並亡

❶「八」，原作「百」，《藝文類聚》引此句作「凡武王俘商，得舊寶玉萬四千，佩玉億有八萬」，今據改。

逸周書卷第五

商誓解第四十三

王若曰：「告爾伊舊何父，□□□□幾、耿、肅、執，乃殷之舊官人序文□□□□，及太史比、小史昔，及百官里居獻民：□□□來尹師之敬諸戒，疾聽朕言，用胥生蠲尹。」

王曰：「嗟，爾衆：予言非敢顧天命，予來致上帝之威命明罰。今惟新誥命爾，敬諸！朕話言自一言至于十話言，其惟明命爾。」

王曰：「在昔后稷，惟上帝之言，❶克播百穀，登禹之績。凡在天下之庶民，罔不維后稷之元穀用蒸享。在商先哲王，❷明祀上帝，□□□□，亦維我后稷之元穀用告和用胥飲食。

❶ 「言」，孫詒讓疑是「㖁」字之誤。

❷ 「哲」，諸本作「誓」。下同。

肆商先哲王維厥故，斯用顯我西土。今在商紂，昏憂天下，弗顯上帝，昏虐百姓，奉天之命，❶上帝弗顯，乃命朕文考曰：『殪商之多罪紂！』肆予小子發不敢忘天命。朕考胥翕稷政，肆上帝曰必伐之。予惟甲子尅致天之大罰，□帝之來，❷革紂之□。❸予亦無敢違天命。敬諸！昔在我西土，我其齊言胥告，❹商之百無罪，其維一夫。予既殛紂，承天命，予亦來休命爾百姓、里居、君子，其周即命，□□□□□□□□□□□□□□□□□□□□□□□爾家邦君無敢，其有不告見于我有周，其比冢邦君我無攸愛，上帝曰必伐之。今予惟明告爾：予其往追□紂，達䢵集之于上帝，天王其有命，爾百姓獻民其有綴艿。夫自敬其有斯天命，不令爾百姓無告。西土疾勤，其斯有何重？天維用重勤興起我，罪勤我無克乃一心。爾多子其人自敬，助天永休于我西土。爾百姓其亦有安處在彼。宜在天命，□及惻興亂，❺予保奭其介有斯。勿用天命若，朕言在周，曰商百姓無罪，朕命在周。其乃先

---

❶「奉」，劉師培疑當作「韋」。
❷「□」，孫詒讓疑是「成」字，與《墨子·非攻下》同。
❸「□」，當作「命」。
❹「齊」，諸本作「有」。
❺「及」，丁宗洛改作「反」。

作，我肆罪疾。予惟以先王之道御復正爾百姓。越則非朕，負亂惟爾，在我。」

王曰：「百姓，我聞古商先哲王成湯克辟上帝，保生商民，克用三德，疑商民弗懷，用辟厥辟。今紂棄成湯之典，肆上帝命我小國曰：『革商國！』肆予明命汝百姓：其斯弗用朕命，其斯爾冢邦君商庶百姓，予則□劉滅之。」❶

王曰：「靁！予天命維既，咸汝克承天休于我有周，斯小國于有命不易。昔我盟津，帝休辨商，其有何國？命予小子肆伐殷戎，❷亦辨百度，□□美左右予，❸予肆劉殷之命。今予維篤祐爾，予史太史違我，史視爾靖疑。❹胥敬諸！❺其斯一話敢逸僭，予則上帝之明命。予爾拜拜□百姓，越爾庶義庶刑，予維及西土，❻我乃其來即刑。乃敬之哉！庶聽朕

❶「□」，明嘉靖二十四年刻《六藝流别》作「咸」。
❷「伐」，原作「我」，今據各家説改。
❸「□□美左右予」，《六藝流别》作「用美在古」。
❹「史」，鍾本作「寔」，盧本從。
❺「諸」，原作「請」，今據前文改。
❻「予」，原作「子」，今據諸本改。

言，罔胥告。」❶

度邑解第四十四

維王剋殷國君諸侯，乃厥獻民徵主九牧之師見王于殷郊。❷ 王乃升汾之阜，以望商邑。永嘆曰：「嗚呼！ 不淑充天對，❸遂命一日。 維顯畏，弗忘！」

王至于周，自□至于丘中，❹具明不寢。 王小子御告叔旦，❺叔旦亟奔即王，曰：「久憂勞！」問害不寢。❻ 曰：「安！ 予告汝。」王曰：「嗚呼，旦！ 惟天不享于殷，發之未生至于今六十年，夷羊在牧，飛鴻過野，天自幽，不享于殷，乃今有成。 維天建殷，厥徵天民名三百

❶ 「罔」，《六藝流別》作「用」。
❷ 「主」，莊述祖改作「及」。
❸ 「充」，原作「允」，今據陳逢衡、朱右曾二家改。
❹ 「□」，盧本據《文選》李注補「鹿」字。
❺ 「御」，趙本作「復」。
❻ 「害」，原作「周」，今據盧本改。

六十夫，弗顯亦不賓滅，❶用戾于今。嗚呼！于憂茲難，近飽于卹。辰是不室，我未定天保，❷何寢能欲？」

王曰：「旦！予克致天之明命，定天保，依天室。志我共惡，俾從殷王紂。四方亦肯來定我于西土。❸我維顯服，及德之方明。」叔旦泣涕于常，悲不能對。

王□□傳于後。❹王曰：「旦！汝維朕達弟，予有使汝。汝播食不遑暇食，矧其有乃室！今惟天使予，惟二神授朕靈期。予未致予休，❺□近懷予朕室。汝惟幼子，大有知。昔皇祖底于今，勖厥遺得顯義，告期付于朕身。肆若農服田，飢以望穫。予有不顯，朕卑皇祖不得高位于上帝。汝幼子庚厥心，庶乃來班朕大環。茲于有虞。意乃懷厥妻子，德不可追于上，民亦不可答于下。朕不賓在高祖。❻維天不嘉，于降來省。汝其可瘳于茲？乃今

❶「顯」，原作「顧」，今從唐大沛據《史記》改。「滅」，原作「成」，今從盧本據《史記》改。
❷「未」，原作「來」，今據盧本改。「定」上，原衍「所」字，今從盧本據《史記》删。
❸「亦肯來」，原作「赤宜未」，今從洪頤煊、丁宗洛説據《史記集解》引改。
❹「□□」，疑當作「命旦」。「傳」，原作「傅」，今據諸本改。
❺上「予」字，原作「于」，今從盧本據鍾本改。
❻「朕」，原在上句「下」字上，今據唐大沛、朱右曾二家乙正。

我兄弟相後，我筮龜其何所即？今用建庶建。」

叔旦恐，泣涕共手。王曰：「嗚呼，旦！我圖夷兹殷，其惟依天。❶其有憲令，❷求兹無遠。慮天有求繹，相我不難。自洛汭延于伊汭，居陽無固，其有夏之居。我南望過于三塗，我北望過于有嶽，丕顧瞻過于河，❸宛瞻于伊洛，無遠天室。其名兹曰度邑。」❹

武儆解第四十五

惟十有二祀四月，王告夢。丙辰，出金枝《郊寶》、《開和》細書，❺命詔周公旦立後嗣，屬小子誦文及《寶典》。王曰：「嗚呼，敬之哉！汝勤之無蓋。□周未知，所周不周，商□無

❶「天」下，唐大沛、朱右曾二家補「室」字。
❷「令」，原作「今」，諸本作「命」，今據其義改。
❸「顧」，原作「願」，今據趙本改。
❹「名」，原作「曰」，今從朱本及王念孫説據《玉海》引改。
❺「枝」，孫詒讓疑當作「版」。

也。朕不敢望。敬守勿失！」以詔賓小子曰：❶「允哉！汝夙夜勤，心之無窮也。」❷

五權解第四十六

維王不豫，于五日召周公旦曰：❸「嗚呼，敬之哉！昔天初降命于周，維在文考，克致天之命。汝維敬哉！先後小子，勤在維政之失。政有三機、五權，汝敬格之哉！克中無苗，❹以保小子于位。

「三機：一疑家，二疑德，三質士。疑家無授衆，疑德無舉士，質士無遠齊。吁，敬之哉！天命無常，敬在三機。

「五權：一曰地，地以權民；二曰物，物以權官；三曰鄙，鄙以權庶；四曰刑，刑以權賞；❺五曰食，食以權爵。

❶「賓」，諸本作「寘」。
❷「心」，劉師培疑當作「念」。
❸「五日」，丁宗洛云丁浮山疑是「五月」之訛。
❹「克」，丁宗洛疑「允」字之訛。
❺「賞」，原作「常」，今據丁宗洛本改。

「不遵承，❶括食不宣，❷不宣授臣。極賞則淈，淈得不食。極刑則仇，仇至乃别。鄙庶則奴，奴乃不滅。國大則驕，驕乃不給。官庶則荷，❸荷至乃辛。物庶則爵，粣乃不和。❹地庶則荒，荒則攝。❺人庶則匱，匱乃匿。嗚呼，敬之哉！汝慎和稱五權，維中是以，以長小子于位，實維永寧。」

成開解第四十七

成王元年，❻大開告用。周公大開告道，成王用之也。周公曰：「嗚呼！余夙夜之勤，今商孽競時逋播以輔，余何循何慎？」❼「王其敬文命無易。天不虞。言商餘紂子禄父競求是逋播逃

❶「承」，原作「奉」，今據諸本改。
❷「括」，丁宗洛疑「授」字之訛。
❸「官」下，原衍「無」字，今據盧本删。
❹「乃」，原脱，今據諸本補。
❺「攝」，原作「聶」，今據趙本改。
❻「元」，原作「九」，今據盧本改。
❼「何循」，原重，今據陳逢衡説删其一。

越之人以自輔，當敬天命，備不虞者也。在昔文考，躬修五典，勉兹九功，敬人畏天，教以六則、四守、五示、三極，祇應八方，立忠協義，乃作。祇，敬。協，和。

「三極：一，天有九列，别時陰陽；二，地有九州，别處五行；三，人有四佐，佐官維明，五示顯允，明所望。四佐，謂天子前疑、後丞、右輔、左弼也。當明謂五示，示於民也。

「五示：一，明位示士；二，明惠示衆；三，明主示寧；四，安宅示孥；五，利用示産。王明三明。安宅妻子寧固，利用則産業衆。産足不窮，❶家懷思終，主爲之宗。德以撫衆，衆和乃同。言五示之義。同，謂和同也。❷

「四守：一，政盡人材，材盡致死；二，士守其城溝；三，障水以禦寇；四，大有沙炭之政。❸任人盡其材，則死力効致。大沙熾炭，可以攻適人也。❹

「六則：一，和衆；二，發鬱；三，明怨；四，轉怒；五，懼疑；六，因欲。鬱，謂穀帛滯積者

❶「不」，原脱，今據盧本補。
❷「謂」，原作「爲」，今據盧本改。
❸「大有」，劉師培疑當作「矢石」。
❹「攻」，原作「政」，今據盧本改。

也。❶怨則轉之，懼則疑之，欲則因之，此文王所以尅紂也。

「九功：一，賓好在笥；二，淫巧破制；三，好危破事；四，任利敗功；五，神巫動衆；六，盡哀民匱；七，荒樂無別；八，無制破教；九，任謀生詐。在笥，謂實幣於司，無節限也。盡，謂送終過制。無別，亂同也。任謀，謂權變也。不犯此，則成功也。和集集以禁實有離莫逐通其。

「五典：一，言父典祭，祭祀昭天，百姓若敬。二，顯父登德，德降爲則，則信民寧。言祭祀見享受福，臣乃化，❷則法信民心也。三，正父登過，過慎於武，設備無盈。使正舉事過於前，無自滿。四，機父登失，脩□□官，❸官無不敬。五，□□□□。制哀節用，政治民懷。使刺譏之士舉政之失，其官官無不敬矣。懷，猶歸之也。五典有常，政乃重開之守。內則順意，外則順敬。內外不爽，是曰明王。」重開，言無爽也。

王拜曰：「允哉！維予聞曰：何鄉非懷？懷人惟思。思若不及，禍格無日。格，至。

---

❶「穀」，原作「谷」，今據諸本改。「者」，原作「省」，今據文義改。
❷「臣」，諸本作「民」。
❸「□□」，朱右曾作「政戎」。

式皇敬哉！余小生思繼厥常，❶以昭文祖、定武考之列。式，用。皇，大。❷嗚呼！余夙夜不寧。」

作雒解第四十八

武王克殷，乃立王子禄父，俾守商祀。封以鄁，❸祭成湯。建管叔于東，建蔡叔、霍叔于殷，俾監殷臣。東，謂衛□鄘。❹霍叔，相禄父也。武王既歸，乃歲十二月崩鎬，❺殡于岐周。❻乃，謂乃後之歲也。殡，攢塗。周公立，相天子，三叔及殷東徐、奄及熊盈以畔。❼立，謂爲宰攝政也。殷，禄父。徐，戎。奄，謂殷之諸侯。周公、召公内弭父兄，外撫諸侯。元年夏六月，❽葬武王

❶「小生」，諸本或作「小子」。
❷「大」，原作「天」，今據文義改。
❸「鄁」，元刊本同，餘諸本作「鄭」。
❹「□」，當作「鄁」。
❺「乃」，原作「成」，今據鍾本、王本及盧本改。
❻「于」，原作「予」，今改正。
❼「畔」，原作「略」，今據唐大沛、朱右曾説改。
❽「元」，原作「九」，今據盧本改。

於畢。弭，安。畢，地。❶二年，又作師旅，臨衛政殷。殷大震潰，下叛其上曰潰。降辟三叔。王子禄父北奔，管叔經而卒，乃囚蔡叔于郭淩。郭淩，地名。囚，拘也。凡所征熊盈族十有七國，俘維九邑。俘因爲奴。十七國之九邑。罪重，故囚之。俘殷獻民，遷于九里。獻民，士大夫也。九里，成周之地，近王化也。俾康叔宇于殷，俾中旄父宇于東。康叔代霍叔，中旄代管叔。

周公敬念于後，曰：「予畏周室克追，❷俾中天下。」成王二年秋迎周公，三年春歸也。周公追長尊王也。及將致政，乃作大邑成周于土中。王城也，於天下土爲中。城方千七百二十丈，郛方七百里，❸南繫于洛水，北因于郟山，❹以爲天下之大湊。郛，郭也。繫、因，皆連接也。湊，會也。制郊甸，方六百里。因西土爲方千里，❺西土，岐周，通爲圻内。分以百縣。縣有四郡，郡有□鄙。❻大縣城方王城三之一，小縣立城方王城九之一。三三九分居其一。郡鄙不過百室，以

---

❶「地」，原壞作「也」，今補正。
❷「克追」，《初學記》作「不延」。
❸「七百里」，《藝文類聚》等引作「七十二里」。
❹「北」，原作「地」，今從盧本據《水經注》及《通鑑前編》改。
❺「因」，原作「國」，今據《水經注》引改。
❻「□」，《説文》引無。

便野事。耕桑之事。農居鄙，得以庶士。士居國家，得以諸公大夫。居，治也。治鄙以農，治國家以大夫。凡工賈胥市臣僕，❶州里俾無交爲。工賈百胥人臣僕各異州里而居，不相雜交也。胥，侍也。乃設丘兆于南郊，以祀上帝，❷配以后稷。❸設築壇城。內郊，南郭也。日月星辰先王皆與食。先王，后稷。謂郊時。諸侯受命於周，❹乃建大社于國中。❺受封也。其壝東青土，❻南赤土，西白土，北驪土，中央亹以黄土。將建諸侯，鑿取其方一面之土，苞以黄土，❼苴以白茅，以爲土封，故曰受列土於周室。❽其方，謂建東方諸侯以青土。覆茅苴裹土，封之爲社也。乃位五宫：大廟、宗宫、考宫、路寢、明堂，五宫，宫府寺也。大廟，后稷。二宫，祖、考廟也。路寢，王所居也。

❶「僕」，原作「撲」，今據程本、鍾本、王本改。下同。
❷「祀」，原脱，今據盧本補。
❸「以」，原作「□」，今從盧本據《藝文類聚》引補。
❹「侯」，原脱，今從盧本據《公羊傳》文公十三年疏補。
❺「國」，原作「周」，今從盧本據《公羊傳》文公十三年疏改。
❻「青」，原作「責」，今據諸本改。
❼「苞」，盧本及各家注本作「燾」。
❽「列」，原作「則」，今據盧本改。

明堂，在國南者也。咸有四阿、反坫。重亢重郎，常累復格，❶藻棁。設移旅楹，惷常畫。咸，皆也。廟四下曰阿。反坫，外尚室也。重亢，累棟也。重郎，累屋也。常累，系也。復格，累之襦也。井藻棁，畫梁柱也。承屋曰移。旅，别也。惷，謂藻井之節也。言皆畫列柱爲之也。内階玄階，❷堤唐山廧。以黑石爲階。唐，中庭道。堤，謂爲高之也。廧，謂畫山雲。應門、庫臺，玄閫。」門者皆有臺，於庫門見之，從可知也。❸又以黑石爲門階也。

皇門解第四十九

維正月庚午，周公格左閎門，會群臣。❹格，至也。路寢左門曰皇門。閎音皇也。曰：「嗚呼！下邑小國克有耇老據屏位，建沈入，非不用明刑，耇老之賢人也。又建立沈伏賢人，不用明法。維其開告于予嘉德之説，言下邑所行而我法之，是開告我於善德之説。命我辟王小至于大。

❶「格」，王引之謂當作「格」。
❷「玄階」，盧本云《通鑑前編》作「玄陛」。
❸「從」，原作「後」，今據盧本改。
❹「臣」，原作「門」，今據王念孫説據《玉海》引改。

我聞在昔有國誓王亡不綏于卹，❶小至于大者，小大邦君也。卹，憂，言思治也。乃維其有大門宗子、勢臣，罔不茂揚肅德，❷訖亦有孚，以助厥辟勤王國王家。大門宗子，適長。勢臣，顯仕。茂，勉；肅，敬；訖，既也。孚，信也。乃方求論擇元聖武夫，羞于王所。言旁自羞進。其善臣以至于有分私子，❸苟克有常，罔不允通，咸獻言在于王所。私子，庶孽也。常，謂常德。言皆信通於義，以益王也。人斯是助王恭明祀，敷明刑。言善人君子皆順是助法王也。王用有監，明憲朕命，用克和有成，用能承天嘏命。監視明此事法，故能承天命王天下也。百姓兆民，用罔不茂在王庭。勉在王庭，獻言于王所也。先用有勸，❹永有□于上下。❺上謂天，下謂地也。人斯既助厥勤勞王家，助君也。謂大明衆于也。先人神祇報職用休，俾嗣在厥家。先人及天地報之，王用善詔家。王國用寧，小人用格。□能稼穡，❻咸祀天神。戎兵克慎，軍用克多。神祐之故。王用奄有四

❶「亡」，原作「之」，今據王引之説改。
❷「罔」，原作「内」，今據盧本改。
❸「于」，原作「十」，今訂正。
❹「先」，莊述祖改作「克」，王引之亦疑是「克」字之誤。
❺「□」，《六藝流别》作「聞」。
❻「□能」，《六藝流别》作「能務」。

鄰，遠土丕承，萬子孫用末被先王之靈光。奄，同。丕，大。末，終。至于厥後嗣，弗見先王之明刑，維時及胥學于非夷，❶時，有。胥，相。爲是相學與非常也。以家相厥室，❷弗卹王國王家，維德是用，言勢人以大夫私家，不憂王家之用德。以昏求臣，作威不祥，不屑惠聽。無辜之亂，祥，善也。不察無罪，以惡民也。辭是羞于王。言順不進之辭于王。❸王阜良，乃惟不順之言。于是人斯乃非維直以應，維作誣以對，俾無依無助。阜，大。良，善也。王求善而是人作誣以對，故王無依助也。譬若畋，犬驕用逐禽，其猶不克有獲。驕，謂不習也。言□人之無得，猶驕犬逐禽不能獲。是人斯乃讒賊媢嫉，以不利于厥家國。言賊仁賢，忌媢嫉妬，以不利其君。譬若匹夫之有婚妻，曰予獨服在寢，以自露厥家。寢，室也。言自露於家。言謂美好，喻昏臣也。媢夫有邇無遠，乃食蓋善夫，俾莫通在于王所。❹食爲野□。❺媢夫見近利而無遠慮，利爲掩蓋善夫使莫通。乃維有奉狂

---

❶「及」，朱右曾從王念孫説改作「乃」，《六藝流别》無此字。
❷「家相」下，俞樾疑當有「亂」字。
❸「之」，程本、吴本、鍾本無。
❹「于」，原作「士」，今據盧本改。
❺「□」，明抄《永樂大典》卷三千五百十八作「言」。

夫是陽是繩，是以爲上，是授司事于正長，言陽舉征夫以爲上人，□爲官長正長其事也。❶命用迷亂，獄用無成。小民率穡，命者，教也。率皆痛愁困也。保用無用。壽亡以嗣，天用弗保。安民之用無所宣施，是故民失其性，天所不安，用非其人故也。媚夫先受殄罰，國亦不寧。嗚呼，敬哉！監于兹，朕維其及。❷殄絶其世也。及其人也。朕藎臣，夫明爾德，以助予一人憂，藎，進也。言我進用之臣大明明之德，助我憂天下者。無維乃身之暴，皆卹爾假予德憲，資告予元。假，借；資，用也。借我法用德之告我，我大德之所行也。譬若衆畋，常扶予險，乃而予于濟。如衆令畋獵相扶持也。濟，遂也。汝無作！」

大戒解第五十

維正月既生魄，王訪于周公曰：「嗚呼！朕聞維時兆厥工，非不顯，朕實不明。兆，始。工，官。言政治維是始正其官。維士非不務，而不得助。大則驕，小則懾，懾謀不極。言務求士而不

❶「正長」，諸本作「正主」。
❷「及」，疑是「反」訛。

得助，如此之難。極，中也。予重位與輕服，非共得福厚用遺，重，所重在於重位。輕服所立，❶非夫德而厚福用之，是求益之言也。庸止生郄，庸行信貳。衆輯群政，不輯多匿。嗚呼！予夙勤之，無或告余。非不念，念不知。」止，容也。常信，貳則難得中也。我雖勤之，無有告我者，徒知而不得明知也。

周公曰：「於！敢稱乃武考之言曰：『微言入心，夙喻動衆，大乃不驕；行惠於小，小乃不懾。言武王之有此言。連官集衆，❷同憂若一，謀有不行。』予惟重告爾：連官則同憂戚，集衆事則同憂濟。謀有不行，必行也。庸厲□以餌士，❸權先申之，明約必遺之。□□□□，❹其位不尊，其謀不陽。我不畏敬，材在四方。卑當畏敬聖者，❺尊其位，陽其謀也。在四方，言□。❻無擅于人，塞匿勿行，惠戚咸服，❼孝悌乃明。擅人專己。塞逆陰忌□。❽惠，順；戚，近也。明立威耻亂使衆之

❶「服」，程本、鍾本、王本作「重」。
❷「衆」，原作「乘」，今據注文及盧本改。
❸「□」，朱駿聲補作「材」。
❹「□□□□」，此闕文，諸本作雙行小注「餌，謂爵禄。權，謂勢重」。
❺「聖」，元刊本、程本、吴本作「賢」。
❻「□」，丁宗洛補作「散」。
❼「惠」，原作「患」，今據元刊本、趙本、吴本及注文改。
❽「□」，元刊本作「事」。

道，撫之以惠，内姓無感，外姓無讁。鄙耻其亂，❶則思治矣。内長同姓同宗。外姓，異姓。❷讁，過。人知其罪，上之明審。教幼乃勤，貧賤制□。❸設九備，乃無亂謀。上明則不隱情，故曰知罪。

「九備：一，忠正不荒美好，乃不作惡；順人心明察，則民化而善。四，□説聲色，❹憂樂盈匿；五，碩信傷辯，❺曰費□□；六，出觀好怪，内乃淫巧；碩，大。怪，異。七，□□謀躁，❻内乃荒異；❼八，□□好威，民衆日逃；❽九，富寵極足，是大極，内心其離。□，室也。

「九備既明，我貴保之。應協以動，遠邇同功。應協以動，動必以和。謀和適同，覆以觀之。上明仁義，援貢有備。上謂君也。聚財多□，以援成功。克禁淫謀，衆匿乃雍。言閉塞不行也。

❶「耻」，原作「即」，今據諸本改。
❷「姓」，原脱，今據諸本補。
❸「□」，朱駿聲補作「節」。
❹「□」，唐大沛疑是「怡」字。
❺「信」，孫詒讓謂當是「言」字之訛。
❻「□□」，朱駿聲補作「慮殘」。
❼「異」，劉師培疑是「暴」字之訛。
❽「逃」，原作「逃」，今據諸本改。

順得以動，人以立行。輯佐之道，上必盡其志，然後得其謀。言和輯求助，當先順人也。無□其信，❶雖危不動。□□以昭，❷其乃得人。轉移貞信，如此，得其用也。上危而轉，下乃不親。」上危而下不親之，不足信故也。

王拜曰：「允哉允哉！敬行天道。」

❶「□」，元刊本作「棄」。

❷「□□」，王念孫疑作「貞信」。

逸周書卷第六

周月解第五十一

惟一月既南至，昏，昴、畢見，日短極，基踐長，微陽動于黄泉，隆陰慘于萬物。❶ 是月斗柄建子，始昏北指，陽氣虧，草木萌蕩。❷ 日月俱起于牽牛之初，右回而行。月周天起一次，❸而與日合宿。日行月一次周天，歷舍于十有二辰，終則復始，是謂日月權輿。周正歲首，❹數起于時一而成于十，次一爲首，其義則然。

凡四時成歲，有春、夏、秋、冬，各有孟、仲、季，以名十有二月。中氣以著時應。❺ 春三月

❶「隆」，原脱，今從孫詒讓説據《玉燭寶典》引補。

❷「萌蕩」上，盧本云《通鑑前編》有「不」字。

❸「起」，諸本作「進」，孫詒讓疑當作「超」。

❹「首」，原作「道」，今據諸本改。

❺「中氣」上，王念孫云《太平御覽》引有「月有」二字。

中氣：雨水、春分、穀雨；夏三月中氣：小滿、夏至、大暑；秋三月中氣：處暑、秋分、霜降；冬三月中氣：小雪，冬至、大寒。閏無中氣，斗指兩辰之間。萬物春生夏長，秋收冬藏。天地之正，四時之極，不易之道。

夏數得天，百王所同。其在商湯，用師于夏，除民之災，順天革命。改正朔，變服殊號，一文一質，示不相沿。以建丑之月爲正，易民之視。若天時大變，亦一代之事。亦越我周王，致伐于商，改正異械，以垂三統。至於敬授民時，巡狩祭享，猶自夏焉。是謂周月，以紀于政。

時訓解第五十二

立春之日東風解凍，又五日蟄蟲始振，又五日魚上冰。風不解凍，號令不行；蟄蟲不振，陰奸陽；魚不上冰，甲胄私藏。雨水之日獺祭魚，又五日鴻鴈來，又五日草木萌動。獺不祭魚，國多盜賊；鴻鴈不來，遠人不服；草木不萌動，果蔬不熟。驚蟄之日，桃始華，又五日倉庚鳴，又五日鷹化爲鳩。桃始不華，是謂陽否；倉庚不鳴，臣不□主；❶鷹不化鳩，寇戎數起。春

❶ 「□」，當作「從」。《太平御覽》作「下不從上」。

分之日玄鳥至，又五日雷乃發聲，又五日始電。玄鳥不至，婦人不娠；❶雷不發聲，諸侯失民；❷不始電，君無威震。清明之日桐始華，又五日田鼠化爲鴽，又五日虹始見。桐不華，歲有大寒；田鼠不化鴽，國多貪殘；虹不見，婦人苞亂。❸穀雨之日萍始生，又五日鳴鳩拂其羽，又五日戴勝降于桑。萍不生，陰氣憤盈；鳴鳩不拂其羽，國不治兵；戴勝不降于桑，政教不中。❹

立夏之日螻蟈鳴，又五日蚯蚓出，又五日王瓜生。螻蟈不鳴，水潦淫漫；蚯蚓不出，嬖奪后；❺王瓜不生，困於百姓。小滿之日苦菜秀，又五日靡草死，又五日小暑至。苦菜不秀，賢人潛伏；靡草不死，國縱盜賊；小暑不至，是謂陰慝。芒種之日螳螂生，又五日鵙始鳴，又五日反舌無聲。螳螂不生，是謂陰息；鵙不始鳴，令奸壅偪；❻反舌有聲，佞人在側。夏至之日

❶「娠」，原闕，今從盧本據《太平御覽》補。
❷「失」，原闕，今從盧本據《太平御覽》補。
❸「苞」，當是「色」字之訛。《太平御覽》作「色亂」。
❹「中」，《太平御覽》作「平」。
❺「后」下，《太平御覽》有「命」字。
❻「令奸」，孫詒讓云：《寶典》作「號令」。

鹿角解，又五日蜩始鳴，又五日半夏生。鹿角不解，兵革不息；蜩不鳴，貴臣放逸；半夏不生，民多厲疾。小暑之日温風至，又五日蟋蟀居壁，又五日鷹乃學習。温風不至，國無寬教；蟋蟀不居壁，急恒之暴；鷹不學習，不備戎盜。大暑之日腐草化爲螢，❶又五日土潤溽暑，又五日大雨時行。腐草不化爲螢，穀實鮮落；土潤不溽暑，物不應罰；大雨不時行，國無恩澤。

立秋之日涼風至，又五日白露降，又五日寒蟬鳴。涼風不至，國無嚴政；❷白露不降，民多欬病；❸寒蟬不鳴，人皆力争。❹處暑之日鷹乃祭鳥，又五日天地始肅，又五日禾乃登。鷹不祭鳥，師旅無功；天地不肅，君臣乃□；❺農不登穀，暖氣爲灾。白露之日鴻鴈來，又五日玄鳥歸，又五日群鳥養羞。鴻鴈不來，遠人背畔；玄鳥不歸，室家離散；群鳥不養羞，下臣驕慢。秋分之日雷始收聲，又五日蟄蟲培户，又五日水始涸。雷不始收聲，諸侯淫佚；蟄蟲不培户，

❶「螢」，朱右曾訂作「蠲」。下同。
❷「國」，原脱，今從盧本據《太平御覽》補。
❸「欬」，原作「邪」，今從陳逢衡、朱右曾據《藝文類聚》改。
❹「人皆」，盧本云《太平御覽》作「人臣」。
❺「□」，《月令廣義》作「違」。

民靡有賴；❶水不始涸，甲蟲爲害。寒露之日鴻鴈來賓，又五日爵入大水化爲蛤，又五日菊有黄華。鴻鴈不來，小民不服；爵不入大水，失時之極；菊無黄華，土不稼穡。霜降之日豺乃祭獸，❷又五日草木黄落，又五日蟄蟲咸附。豺不祭獸，爪牙不良；草木不黄落，是謂愆陽；蟄蟲不咸附，民多流亡。

立冬之日水始冰，又五日地始凍，又五日雉入大水化爲蜃。水不冰，是謂陰負；地不凍，咎徵之咎；雉不入大水，國多淫婦。小雪之日虹藏不見，又五日天氣上騰、地氣下降，又五日閉塞而成冬。虹不藏，婦不專一；天氣不上騰、地氣不下降，君臣相嫉；不閉塞而成冬，母后淫佚。大雪之日鴠鳥不鳴，❸又五日虎始交，又五日荔挺生。鴠鳥鳴，□□□；❹虎不始交，□□□□；❺荔挺不生，卿士專權。冬至之日蚯蚓結，又五日麋角解，又五日水泉動。蚯蚓不結，君政不行；麋角不解，兵甲不藏；水泉不動，陰不承陽。小寒之日鴈北向，又五日鵲始巢，

---

❶「民」，原闕，今從盧本據《太平御覽》補。

❷「豺」，原作「豹」，今據程本、吴本、王本改。

❸「鴠」，程本、吴本作「鴡」，盧本從。下同。

❹「□□□」，《太平御覽》作「國有訛言」，《永樂大典》作「讒人盛」。

❺「□□□□」，《太平御覽》作「將帥不和」。

又五日雉始雊。鴈不北向，民不懷主；❶鵲不始巢，國不寧；雉不始雊，國大水。大寒之日雞始乳，又五日鷙鳥厲，又五日水澤腹堅。雞不始乳，淫女亂男；鷙鳥不厲，國不除兵；水澤不腹堅，言乃不從。

月令解第五十三闕

謚法解第五十四

維周公旦、太公望開嗣王業，攻于牧野之中。❷終葬，乃制謚叙法。謚者，行之迹也。號者，功之表也。車服，❸位之章也。古者有大功，則善號以爲福也。是以大行受大名，細行受小名。行出於己，名生於人。名謂號謚。一人無名曰神。❹不名一善。稱善□簡曰聖，❺所稱得人，所善得

❶「主」，鍾本作「土」。
❷「攻于」，盧本從《史記正義》、《通鑑前編》改作「建功于」。
❸「車服」下，盧本補「者」字。
❹「一人無名」，盧本據《史記正義》改作「民無能名」。
❺「□」，依注當作「别」，據《史記》當作「賦」。

實，所別得簡。敬賓厚禮曰聖。聖於禮也。德象天地曰帝。同於天地。靜民則法曰皇。靜，安。仁義所在曰王。民從之也。立制及衆曰公，志無私也。執應八方曰侯。所執行八方應之也。壹德不解曰簡，壹不委曲。平易不疵曰簡。疵，多病也。經緯天地曰文，成其道也。道德博厚曰文，無不知之。學勤好問曰文，不耻下問。慈惠愛民曰文，惠以成文也。愍民惠禮曰文，以禮安人。錫民爵位曰文。與可舉也。剛彊直理曰武，剛，無欲；彊，不撓；直，正無曲；理，忠恕也。威彊叡德曰武，❶思有德者，叡也。克定禍亂曰武，以兵征，故解也。刑民克服曰武，法正民能使服。大志多窮曰武。大志行兵，多所窮也。敬事供上曰恭，恭，奉也。尊賢貴義曰恭，尊貴賢人，寵貴義士。尊賢敬讓曰恭，敬有德，讓有功。既過能改曰恭，言有智也。執事堅固曰恭，守正不移。安民長悌曰恭，❷順長接弟。執禮敬賓曰恭，迎侍賓也。芘親之闕曰恭，❸無德以益之也。尊長讓善曰恭，不尊己善，推於他人。淵源流通曰恭。❹性無所忌也。照臨四方曰明，以明照之。譖訴不行曰明。逆知之，故不行。威儀悉備曰欽。威則可畏，儀則可象。大慮靜民曰定，思樹惠也。安民大慮曰定，以慮安民。安民法古

❶「叡」，《史記正義》作「敵」。
❷「安民」，《史記正義》作「愛民」。
❸「闕」，原作「門」，今據盧本及各家改。
❹「恭」，《史記正義》作「康」。

曰定，不失舊意也。純行不傷曰定。❶行一不傷。諫争不威曰德。❷不以威相拒也。辟地有德曰襄，取之以義。甲胄有勞曰襄。言成征伐。有伐而還曰釐，知難而退。質淵受諫曰釐，深故能受。慈惠愛親曰釐。言周愛親族也。博聞多能曰獻，雖多能，不至大道。聰明叡哲曰獻。有通知之聰也。温柔聖善曰懿。性純淑也。五宗安之曰孝，五世之宗也。協時肇享曰孝，協，合；肇，始也。常如始。秉德不回曰孝，順於德而不逆。大慮行節曰孝。❸言成其節。執心克莊曰齊，能自齊也。輔輕供就曰齊。輕有所輔而供成也。温年好樂曰康，❹好豐年，勤民事。安樂撫民曰康。無四方之虞。令民安樂曰樂。富而教之。安民立政曰成。政以安之。布德執義曰穆，穆，純也。中情見貌曰穆。在□路也。敏以敬順曰傾。無所不敬順也。昭德有勞曰昭，能勞謙也。聖文周達曰昭。❺聖文通治也。保民耆艾曰胡，六十曰耆，七十曰艾。彌年壽考曰胡。大其年也。彊毅果敢曰剛，强於仁義致果曰毅。

---

❶「傷」，《史記正義》作「爽」。

❷「諫争」，原作「謀慮」，今從盧本據《史記正義》改。

❸「孝」，《史記正義》作「考」。

❹「温年」，《史記正義》作「温柔」，盧本改作「豐年」。

❺「聖文」，盧本改作「聖聞」。

追補前過曰剛。勤善以補過也。柔德考衆曰静，❶成衆使安也。供己鮮言曰静，供己之身，鮮言而正。寬樂令終曰静。性寬樂義，以善自終。治而清省曰平，無失闕之病也。執事有制曰平，在位平意也。布綱治紀曰平。施之政事。由義而濟曰景，用義而成也。布義行綱曰景。以綱行義也。清白守節曰貞，行清白，志固也。大慮克就曰貞，能大慮，非正則不可。不隱無克曰貞。坦然無私也。彊以剛果曰威，彊甚於剛也。猛以彊果曰威，亦强甚於剛也。彊毅信正曰威。信正，言無邪也。辟土服遠曰桓。兼人，故啓□也。道德純一曰思，道大而德一也。不眚兆民曰思，大親民而不殺。外内思索曰思，言求善也。追悔前過曰思。思而能改也。柔質受課曰惠。❷以惠愛惠。能思辯衆曰元，別之使各有次也。行義説民曰元，民説其義。始建國都曰元，非善之長可一始也。主義行德曰元。以義爲主，作德政也。兵甲亟作曰莊，以數征爲嚴。叡通克服曰莊，通達使能服也。死於原野曰莊，非嚴何以死難？屢征殺伐曰莊，❸以嚴□之。❹武而不遂曰莊。武功不成。克殺秉正曰夷，❺秉正，不任賢

❶「考」，《史記正義》作「安」。
❷「受課」，《史記正義》作「慈民」。
❸「殺」，原闕，今據王本及《史記正義》補。
❹「□」，盧本據《史記正義》補作「釐」。
❺「秉」，原作「東」，今據諸本改。

也。安心好静曰夷。不爽丸正也。執義揚善曰懷，❶揚人以善。慈義短折曰懷。短，未六十。折，未三十。夙夜警戒曰敬，敬身思戒。夙夜恭事曰敬，敬以涖事也。象方益平曰敬，法以敬也，之常而加。善合法典曰敬。❷非敬何以善也？述善不克曰丁。不能成義。述義不悌曰丁。不悌，不遜順也。有功安民曰烈，以武立功。秉德遵業曰烈。遵世業不墮改。剛克爲伐曰翼，成功也。思慮深遠曰翼。好遠思任能也。剛德克就曰肅，成其不欲使爲就。執心決斷曰肅。言嚴果也。愛民好治曰戴。好民治也。典禮不𡨥曰戴。❸□死而志成曰靈，立志不悋命也。亂而不損曰靈，不□以治。極知鬼事曰靈，知其能聽徹也。不勤成名曰靈，本任性，不見賢思齊。死見鬼能曰靈，有鬼爲厲。好祭鬼神曰靈。敬鬼神不能遠也。短折不成曰殤，有知而大殤也。未家短折曰殤。未家，未室家也。不顯尸國曰隱，以門國也。隱拂不成曰隱。言其隱拂，改其性也。年中早夭曰悼，年不肆志。肆行勞祀曰悼，縱於心，勞於淫祀，言不脩德也。恐懼從處曰悼。從處，言□地也。❹不思忘愛曰刺，忌其愛已暑也。愎佷遂過曰刺。去諫曰愎，反是曰佷。外內從亂曰荒，官不治，家不。好樂怠政曰荒。淫於聲

❶「執」，原作「幸」，今據諸本改。
❷「善合」，原倒乙，今從盧本據《通鑑前編》乙正。
❸「𡨥」，原作「塞」，今據盧本改。
❹「□地」，《史記正義》作「險圮」。

色，故怠政事。在國逢難曰愍，逢兵寇之事也。使民折傷曰愍，苛政賊害。在國連憂曰愍，仍多大喪。禍亂方作曰愍。國無政，動長亂。蚤孤短折曰哀，早者，未知人事。恭仁短折曰哀，體恭質仁，功未施也。蚤孤有位曰幽，有喪，即位而卒也。壅遏不通曰幽，弱損不□也。❶動祭亂常曰幽。易神之班。克威捷行曰魏，有威而敏行。克威惠禮曰魏。有威而敏行也。去禮遠衆曰煬。內好多淫，外則荒政。甄心動懼曰頃。❷甄，積也。容儀恭美曰勝。有義可象，行恭可美。威德剛武曰圉。圉，御也，能御亂患也。聖善周聞曰宣。聞，謂所聞善事也。治民克盡曰使。❸克盡，無恩惠也。行見中外曰愨。言表裏如一也。勝敵壯志曰勇。不□勝。照功寧民曰商。明有功也。狀古述今曰譽。言立人稱。心能制義曰度。❹制得事宜。好和不爭曰安。失在少斷。外內貞復曰白。正而□，❺終始一也。不生其國曰聲。知而不改。殺戮無辜曰厲。❻賊良善人。官人應實曰知。能官人也。凶年無穀曰糠。

---

❶「□」，《史記正義》作「凌」。

❷「甄」，原作「魏」，今據盧本改。「頃」，原作「甄」，今從盧本據《史記正義》改。

❸「使」，原闕，今據王本及《史記正義》補。

❹「度」，原作「庶」，今據諸本改。

❺「□」，王本作「復」。

❻「殺」，原作「致」，今從盧本據《史記正義》改。

不務稼穡。名實不爽曰質。不爽應也。不悔前過曰戾。知而不改。温良好樂曰良。言人行可好可樂也。怙威肆行曰醜。肆意好威。勤政無私曰類。❶無私，惟義所在。好變動民曰躁。數移徙也。慈和偏服曰順。言使人皆服其慈和。滿志多窮曰感。自足者必不足也。危身奉上曰忠。險不辭勞也。思慮深遠曰翼。自任多近於專。息政外交曰攜。❷不自明而恃外也。疏遠繼位曰紹。❸非其次第，偶得之也。彰義掩過曰堅。明義以蓋前過。❹肇敏行成曰直。始疾行成，言不深也。内外賓服曰正。❺言以正服也。❻華言無實曰夸。□□□□□❼教誨不倦曰長。以道教之也。愛民在刑曰克。道之以政，齊之以刑。嗇於賜與曰愛。言貪悋也。逆天虐民曰煬。❽所尊天而逆天。好廉自克曰節。自節以情欲也。擇善而從曰比。比方善而從之。好更改舊曰易。變故常。名與實爽曰謬。

---

❶「勤政」，《史記正義》作「施勤」。
❷「攜」，原作「推」，今從盧本據《獨斷》改。
❸「位」，原闕，今據諸本補。
❹「蓋」，原闕，今據元刊本、王本補。
❺「正」，原作「止」，今據注及王本改。
❻「服」，原闕，今據王本補。
❼「□□□□□」，王本作「言其恢誕也」。
❽「煬」，盧本據《史記正義》及《通鑑前編》改作「抗」。

言名美而實傷。思慮不爽曰愿。❶不差所思而得也。貞心大度曰匡。心正而明察也。隱，哀之也。施，❷爲文也。除，❸爲武也。除惡。辟地爲襄，視遠爲恒。❹剛克爲發，柔克爲懿。履亡爲莊，有過爲僖。施而不成曰宣，惠無内德曰獻。無内德，惠不成也。治而生眚爲平，亂而不損爲靈，由義而濟爲景。失無補，則以其明，餘皆象也。以其明所及爲謚。象，謂象其事行也。和，會也。勤，勞也。遵，循也。爽，傷也。肇，始也。乂，治也。康，安也。怙，恃也。享，祀也。胡，大也。服，敗也。秉，❺順也。就，會也。懔，過也。錫，與也。典，常也。肆，施也。糠，虚也。叡，聖也。惠，愛也。綏，安也。堅，長也。耆，彊也。考，成也。周，至也。懷，思也。式，法也。敏，疾也。捷，克也。載，事也。彌，久也。

❶「慮」，原作「厚」，今據《史記正義》改。
❷「施」下，《史記正義》有「德」字。
❸「除」下，《史記正義》有「惡」字。
❹「視」，盧本改作「服」。
❺「秉」，原作「康」，今據《史記正義》改。

明堂解第五十五

大維商紂暴虐，脯鬼侯以享諸侯，天下患之。四海兆民欣戴文、武，是以周公相武王以伐紂，夷定天下。既克紂六年，❶而武王崩。成王嗣，幼弱，未能踐天子之位。周公攝政君天下，弭亂六年而天下大治。乃會方國諸侯於宗周，❷大朝諸侯明堂之位。❸

天子之位：負斧扆，南面立，率公卿士侍于左右。❹三公之位：中階之前，北面東上。諸侯之位：阼階之東，西面北上。諸伯之位：西階之西，東面北上。諸子之位：門内之東，北面東上。諸男之位：門内之西，北面東上。九夷之國：東門之外，西面北上。八蠻之國：南門之外，北面東上。六戎之國：西門之外，東面南上。五狄之國：北門之外，南面東上。四塞九□之國，❺世告至者：應門之外，北面東上。宗周明堂之位也。

---

❶ 「六年」，當作「二年」。
❷ 「方」，于鬯疑是「萬」字。
❸ 「明堂」上，《玉海》引有「於」字。
❹ 「率」，《玉海》引作「羣」。
❺ 「□」，王本作「采」，俞樾疑是「采」字之誤。

明堂，明諸侯之尊卑也，故周公建焉，而明諸侯於明堂之位。制禮作樂，頒度量，而天下大服，萬國各致其方賄。七年，致政於成王。

嘗麥解第五十六

維四年孟夏，❶王初祈禱于宗廟，乃嘗麥于太祖。是月，王命大正正刑書。爽明，僕告既駕，少祝導王，亞祝迎王降階，即假于大宗、小宗、少秘于社，各牡羊一、牡豕三。史導王于北階。王涉階，在東序。乃命太史尚太正即居于户西，南向。九州□伯咸進，❷在中，西向。宰乃承王中升自客階。作筴執筴從中。宰坐，尊中于大正之前。太祝以王命作筴筴告太宗。王命□□祕。❸作筴許諾，乃北向繇書于兩楹之間。❹

❶「四年」，《北堂書鈔》、《玉燭寶典》引作「四月」。

❷「□」，丁宗洛、朱右曾補「牧」字，《六藝流別》作「之」。

❸「□□」，《六藝流別》作「太史」。

❹「兩」，原作「内」，今據諸本改。「間」，原作「門」，今據諸本改。

王若曰：「宗掩、大正：昔天之初□作二后，❶乃設建典。命赤帝分正二卿，❷命蚩尤宇于少昊，❸以臨西方，❹司□□上天未成之慶。❺蚩尤乃逐帝，争于涿鹿之阿，❻九隅無遺。赤帝大懾，乃説于黄帝，執蚩尤，殺之于中冀。以甲兵釋怒，用大正順天思序。紀于大帝，❼用名之曰絶轡之野。乃命少昊清司馬鳥師，❽以正五帝之官，故名曰質。天用大成，至于今不亂。其在啓之五子，❾忘伯禹之命，假國無正，用胥興作亂，遂凶厥國。皇天哀禹，賜以彭壽，思正夏略。❿今予小子聞有古遺訓而不述，朕文考之言不

❶「□」，丁宗洛、朱右曾補作「誕」，《六藝流別》作「肇」。
❷「赤」，李學勤先生疑是「炎」字之誤。下同。
❸「宇于」，原倒乙，今據《路史》所引乙正。
❹「西」，原作「四」，今據莊述祖、陳逢衡本改。
❺「□□」，《六藝流別》作「明明」。
❻「阿」，原作「河」，今據鍾本改。
❼「大帝」，莊述祖作「太常」。
❽「清」，原作「請」，今據諸本改。
❾「啓」，原作「殷」，今據莊述祖校及丁宗洛、唐述祖、朱大沛本改。
❿「思」，孫詒讓疑當作「卑」。下同。

易。予用皇威，不忘祗天之明典，令□我大治。❶ 用我九宗正州伯教告于我，相在大國有殷之□辟，❷自其作□于古，❸是滅厥邑，❹無類于冀州。嘉我小國，小國其命余克長國王。嗚呼，敬之哉！如木既顛厥巢，其猶有枝葉作休。爾弗敬恤爾執以屏助予一人集天之顯，❺亦爾子孫其能常憂恤乃事？勿畏多寵，無愛乃囂，亦無或刑于鰥寡。罪罪惠乃其常，無別于民。」

衆臣咸興，受太正書，乃降。太史筴刑書九篇，❻以升授太正，乃左還自兩柱之間。□箴大正曰：❼「欽之哉，諸正！敬功爾頌，審三節，無思民因順。爾臨獄無頗，正刑有掇。夫循乃德，式監不遠。以有此人，保寧爾國，克戒爾服，世世是其不殆。維公咸若。」太史乃

❶「令□我」，莊述祖校作「今我周」，陳逢衡作「底」。
❷「□」，莊述祖校作「末」，《六藝流別》及陳逢衡作「多」。
❸「□」，莊述祖校作「亂」，《六藝流別》作「虚」，楊慎本同，陳逢衡從之。「于」，《六藝流別》作「千」。
❹「滅」，原作「威」，今據王念孫説改。
❺「執」，鍾本作「職」。
❻「刑」，原作「形」，今據諸本改。
❼「□」，疑當作「王」。

降。大正坐舉書乃中降，再拜稽首。王命太史正升拜于上，❶王則退。

是月，士師乃命太宗序于天時，祠大暑。乃命少宗祠風雨，百享。士師用受其幣，以爲之資。邑乃命百姓遂享于富，無思民疾。供百享歸祭，閭率、里君以爲之資。野宰乃命冢邑縣都祠于太祠，乃風雨也。宰用受其職幣，以爲之資。采君乃命天御豐穡，享祠爲施，大夫以爲資。威，❷太史乃藏之于盟府，以爲歲典。

本典解第五十七

維四月既生魄，王在東宮，召公告周公曰：❸「嗚呼！朕聞武考不知乃問，不得乃學，俾資不肖永無惑矣。今朕不知明德所則、❹政教所行、字民之道、禮樂所生，非不念，而不知，❺故問伯父。」

---

❶「正」上，丁宗洛補「大」字，《六藝流别》與楊慎本作「布」。
❷「威」，諸本作「箴」。
❸「召公」，盧本删。《史略》無「公告」二字，當是。
❹「今」，原作「命」，今據諸本改。
❺「不」，原脱，今據陳逢衡及王念孫説補。

周公再拜稽首，曰：「臣聞之文考：能求士者，智也；與民利者，仁也；能收民獄者，義也；❶能督民過者，德也；爲民犯難者，武也。智能親智，仁能親仁，義能親義，德能親德，武能親武，五者昌于國曰明。明能見物，高能致物，物備咸至曰帝。帝鄉在地曰本，本生萬物曰世，世可則□曰至。❷至德照天，百姓□驚。❸備有好醜，民無不戒。「顯父登德，德降則信，信則民寧。爲畏爲極，民無淫慝。生民知常利之道則國彊。序明好醜，□必固其務。❹均分以利之則民安，□用以資之則民樂，❺明德以師之則民讓。生之樂之，則母之禮也。政之教之，遂以成之，則父之禮也。父母之禮以加于民，其慈□□。❻古之聖王，樂體其政。

❶「能求士」至「義也」十九字，原脱，今據諸本補。「士」下，諸本原有「□」，今據王念孫説删，《六藝流别》作「材」。
❷「□」，《六藝流别》作「度」。
❸「□」，朱駿聲補作「震」，《六藝流别》，作「用」。
❹「□」，丁宗洛補作「民」，《六藝流别》作「乃」。
❺「□」，《六藝流别》作「阜」。
❻「□□」，朱駿聲補作「至矣」，《六藝流别》作「惟傳」。

「士有九等，皆得其宜曰材多。人有八政，皆得其則曰禮服。士樂其生而務其宜，是故奏鼓以章樂，奏舞以觀禮，奏歌以觀和。禮樂既和，其上乃不危。」

王拜曰：「允哉！幼愚敬守以爲本典。」

逸周書卷第七

官人解第五十八

王曰：「嗚呼，大師！朕惟民務官，論用有徵：觀誠、考言、❶視聲、觀色、觀隱、揆德，可得聞乎？」

周公曰：「亦有六徵。嗚呼，乃齊以揆之！一曰富貴者觀其有禮施，貧賤者觀其有德守，嬖寵者觀其不驕奢，隱約者觀其不懾懼。其少者觀其恭敬好學而能悌，其壯者觀其廉潔務行而勝私，其老者觀其思慎，❷彊其所不足而不踰。❸父子之間，觀其孝慈；兄弟之

❶「言」，《大戴禮記・官人》作「志」。
❷「慎」下，原有「而□」，今從盧本據《羣書治要》删。
❸「而不踰」，原作「者觀其不愉」，今從盧本據《羣書治要》改。

間，❶觀其和友；君臣之間，觀其忠惠；鄉黨之間，觀其誠信。省其居處，觀其方□；❷省其喪哀，觀其貞良；省其出入，觀其交友；省其交友，觀其任廉。設之以謀，以觀其智；示之以難，以觀其勇；煩之以事，以觀其治；臨之以利，以觀其不貪；濫之以樂，以觀其不荒。喜之以觀其輕，怒之以觀其重，❸醉之酒以觀其恭，從之色以觀其常，遠之以觀其不二，昵之以觀其不狎。復徵其言，❹以觀其精；曲省其行，以觀其備。此之謂觀誠。

「二曰：方與之言，以觀其志。志殷以淵，❺其器寬以柔，❻其色儉而不諂。其禮先人，其言後人，見其所不足，曰益者也。❼好臨人以色、高人以氣、賢人以言，防其所不足、發其

❶「觀其孝慈兄弟之間」八字，原脱，今據《大戴禮記》補。
❷「方□」，《大戴禮記》作「義方」。
❸「怒」，原闕，今據《羣書治要》及《大戴禮記》補。
❹「復徵其言」，《大戴禮記》作「覆其微言」。
❺「志殷」，原作「□」，今據《大戴禮記》補。
❻「器」，《大戴禮記》作「氣」。「柔」，原作「悌」，今據《大戴禮記》改。
❼「益」上，《大戴禮記》有「日」字。

所能，曰損者也。❶其貌直而不止，❷其言正而不私；不飾其美，不隱其惡，不防其過，曰有質者也。其貌曲媚，其言工巧；飾其見物，務其小證，以故自説，曰無質者也。喜怒以物其色不變，煩亂以事而志不營，深導以利而心不移，臨懾以威而氣不卑，曰平心而固守者也。喜怒以物而心變易，煩亂以事而志不治，導之以利而心遷移，臨懾以威而氣慄懼，曰鄙心而假氣者也。設之以物而數決，敬之以卒而度應，不文而辯，曰有慮者也。難決以物，難説以言，❸守一而不可變，因而不知止，曰愚依人也。營之以物而不誤，犯之以卒而不懼，置義而不可遷，臨之貨色而不過，曰果敢者也。移易以言志不能固，已諾無決，曰弱志者也。順予之弗爲喜，非奪之弗爲怒，沉静而寡言，多稽而險貌，曰質静者也。屏言弗顧，自順而弗讓，❹非是而彊之，曰妬誣者也。❺微而能發，察而能深，寬順而恭儉，温柔而能斷，果敢而能

❶「損」上，《大戴禮記》有「日」字。
❷「而不止」，原闕，今據諸本補。「止」，《大戴禮記》作「侮」。
❸「難説以言」，原作「難悦以」，今據《大戴禮記》改。
❹「讓」，原作「護」，今據《大戴禮記》改。
❺「妬」，原作「始」，今據《大戴禮記》改。

屈，曰志治者也。華廢而誣，❶巧言令色，皆以無爲有者也。此之謂考言。

「三曰：誠在其中，必見諸外。以其聲，處其實。氣初生物，物生有聲。聲有剛柔，清濁好惡，咸發于氣。❷心氣華誕者，❸其聲流散；心氣順信者，其聲順節；心氣鄙戾者，其聲醒醜；❹心氣寬柔者，其聲温和。信氣中易，義氣時舒，知氣簡備，❺勇氣壯力。聽其聲，處其氣。考其所爲，觀其所由，以其前觀其後，以其隱觀其顯，以其小占其大，此之謂視聲。

「四曰：民有五氣，喜、怒、欲、懼、憂。喜氣内蓄，雖欲隱之，陽喜必見。怒氣内蓄，雖欲隱之，陽怒必見。欲氣、懼氣、憂悲之氣皆隱之，陽氣必見。五氣誠于中，發形于外，民情不

❶「華」，原作「華」，今據文義改。
❷「氣」，原作「聲」，今據于鬯説改。
❸「誕」，原作「設」，今據諸本改。
❹「醒」，《大戴禮記》作「斯」。
❺「知」，原作「和」，《大戴禮記》作「智」。

可隱也。喜色猶然以出，怒色薦然以侮，❶欲色嫗然以偷，❷懼色薄然以下，憂悲之色瞿然以靜。誠智必有難盡之色，誠仁必有可尊之色，誠勇必有難攝之色，誠忠必有可新之色，❸誠潔必有難汙之色，誠□必有可信之色。❹質浩然，固以安。僞蔓然，亂以煩。雖欲改之，中色弗聽。此之謂觀色。

「五曰民生則有陰有陽。人多隱其情飾其僞，以攻其名。有隱於仁賢者，有隱於智理者，有隱於文藝者，有隱於廉勇者，有隱於忠孝者，❺有隱於交友者。如此，不可不察也。小施而好德，小讓而争大，言願以爲質，僞愛以爲忠，❻尊其得以改其名。❼如此，隱於仁賢者也。前總唱功，慮誠弗及，佯爲不言。内誠不足，色示有餘。自順而不讓，措辭而弗遂。此

❶「薦」，王念孫疑當作「荐」。《大戴禮記》作「拂」。
❷「偷」，原作「愉」，今據《大戴禮記》改。
❸「必有難攝之色誠忠」八字，原脱，今從盧本據《大戴禮記》補。「新」，《大戴禮記》作「親」。
❹「□」，《大戴禮記》作「静」。
❺「有隱於忠孝者」六字，原脱，今據《大戴禮記》補。
❻「僞」，原闕，今從盧本據《大戴禮記》補。
❼「改」，《大戴禮記》作「攻」。

隱於智理者也。動人以言，竭而弗終。問則不對，佯爲不窮。□貌而有餘，❶假道而自順。因之□初，❷窮則託深。如此者，隱於文藝者也。□言以爲廉，❸矯厲以爲勇，内恐外誇，亟稱其説，以詐臨人。如此，隱於廉勇者也。自事其親，而好以告人。飾其見物，不誠於内。發名以事親，❹自以名私其身。如此，隱於忠孝者也。比周以相譽，知賢可徵而左右不同，不同而交，交必重己。❺心説而身弗近，身近而實不至，❻懽不盡，❼見於衆而貌克。❽如此，隱於交友也。此之謂觀隱。

「六曰：言行不類，終始相悖，外内不合，雖有假節見行，曰非成質者也。言忠行夷，争

❶「□貌而」，《大戴禮記》作「色示」。
❷「□」，疑當作「本」。
❸「□」，疑當作「危」。
❹「發」，《大戴禮記》作「伐」。
❺「己」，原闕，今據《大戴禮記》補。
❻「身近」，原闕，今據《大戴禮記》補。
❼「懽」，原作「懽」，今從王念孫説據《大戴禮記》改。
❽「克」，陳逢衡疑當作「充」。

靡及私，施弗求及，❶情忠而寬，貌莊而安，曰有仁者也。事變而能治，效窮而能達，措身立方而能遂，曰有知者也。少言以行，恭儉以讓，有知而弗發，❷有施而弗德，❸曰謙良者也。微忽之言久而可復，❹幽閒之行獨而弗克，❺其行亡如存，曰順信者也。貴富恭儉而能施，嚴威有禮而不驕，曰有德者也。隱約而不懾，安樂而不奢，勤勞而不變，喜怒而有度，曰有守者也。直方而不毁，廉潔而不戾，彊立而無私，曰有經者也。虚以待命，不召不至，不問不言，言不過行，行不過道，曰沈静者也。忠愛以事親，驩以盡力而不回，敬以盡力而不□，❻曰忠孝者也。合志而同方，共其憂而任其難，行忠信而不疑，□隱遠而不舍，❼曰交友者

❶「施」，原闕，今據《大戴禮記》「施不在多」補。
❷「弗發」上，原有「言」字，今據《大戴禮記》删。
❸「弗德」上，原有「□」，今據《大戴禮記》删。
❹「言」，原脱，今從盧本據《大戴禮記》補。
❺「行」，原脱，今從盧本據《大戴禮記》補。「克」，孫詒讓疑當作「兑」。
❻「□」，《大戴禮記》作「面」。
❼「□」，《大戴禮記》作「迷」，朱右曾謂是「迹」字之訛。

也。❶志色辭氣，❷其人甚偷，❸進退多巧，就人甚數。❹辭不至，少其所不足，謀而不已，曰偽詐者也。言行亟變，從容交易，❺好惡無常，行身不篤，曰無誠者也。少知而不大決，少能而不大成，規小物而不知大倫，曰華誕者也。規諫而不類，道行而不平，曰竊名者也。故曰事阻者不夷，時□者不回，❻面譽者不忠。❼飾貌者不靜，❽假節者不平，多私者不義，揚言者寡信。此之謂揆德。」

❶「交」，原闕，今據程本、吴本、鍾本等補。
❷「辭」，原作「亂」，今據《大戴禮記》改。
❸「其人甚偷」四字，《大戴禮記》作「其入人甚俞（渝）」。
❹「數」，《大戴禮記》作「速」。
❺「交」，原作「克」，今據王念孫説改。
❻「時□者不回」，《大戴禮記》作「畸鬼者不仁」。
❼「面譽者不忠」五字，原作「果敢者也」，涉前誤，今據《大戴禮記》改。
❽「靜」，《大戴禮記》作「情」。

王會解第五十九

成周之會，墠上張赤弈陰羽，❶王城既成，大會諸侯及四夷也。陰，鶴也。以羽飾帳也。除地曰墠。弈，帳也。天子南面立，絻無繁露，朝服八十物，❷搢珽。❸繁露，冕之所垂也，所尊敬則有焉。八十物，大小所服。搢，插；珽，笏也。唐叔、荀叔、周公在左，太公望在右，皆絻，亦無繁露，朝服七十物，搢笏，旁天子而立於堂上。唐、荀，國名，皆成王弟，故曰叔。旁，差在後也。近天子后，故其冕謂亦無旒也。堂下之右，唐公、虞公南面立焉；唐、虞二公，堯、舜後也。堂下之左，殷公、夏公立焉，皆南面，絻有繁露，朝服五十物，皆搢笏。杞、宋二公冕有繁露、搢笏，則唐、虞闕也。阼階之南，❹祝淮氏、榮氏次之，皆西面，❺彌宗旁之。淮、榮，二祝之氏也。彌宗，官名。次珪瓚南，差在後。

❶「弈」，盧本作「帟」。注同。

❷「十」，孫詒讓謂當作「才」，借作「采」。下「七十」、「五十」同。

❸「珽」，原作「挺」，今據諸本改。注同。

❹「阼階」上，原衍「爲諸侯之有疾病者」八字，今據盧本删。

❺「面」，原作「南」，今據諸本改。

爲諸侯有疾病者之醫藥所居。使儲左右，❶召則至也。❷相者太史魚、大行人皆朝服，❸有繁露。魚，太史名。及太行人，皆贊相賓客禮儀也。堂下之東面，郭叔掌爲天子菉幣焉，絻有繁露。郭叔，虢叔，❹文王弟。菉，録諸侯之幣也。

内臺西面者上北方，❺應侯、曹叔、伯舅、中舅，内臺，中臺也。應侯，成王弟。比服次之，要服次之，荒服次之。西方東面上北方，伯父、中子次之。此要服於比服轉遠，❻故殊其名，非夷狄之四荒也。伯父，姬姓之國。中子，於王子中行者也。方千里之内爲比服，❼方千里之内爲要服。❽方三千里之内爲荒服。是皆朝於内者。此服名因於殷，非周制也。

❶「儲」，原作「諸」；「左右」下，原衍「也」字，今併據盧本改删。
❷「召」，原作「居」，今據盧本改。
❸「皆」下，疑當有「東面」二字。
❹「叔」，原脱，今據文義改。
❺「内臺」下，依例當有「東方」二字。「上」，原作「正」，今據唐大沛説改。下諸「上」同。
❻「遠」下，原衍「殊」字，今删。
❼「内」，原作「外」，今從盧本據王應麟本改。
❽「方」，原脱，今從盧本據王應麟本補。

堂後東北爲赤弈焉，浴盆在其中。雖不用而設之，敬諸侯也。其西，天子車立馬乘，❶亦青陰羽鳧旌。鶴鳧羽爲旌旄。中臺之外，其右泰士，臺右彌士。外，謂臺之東西也。外臺右太士，右弥士。士言尊王太弥相儀之事也。受贄者八人，東面者四人。受賓幣士也。四人東面，則西面四人也。陳幣當外臺，天玄嶡宗馬十二，❷陳束帛被馬於外臺。天玄，黑；嶡宗，尊也。王玄繚碧基十二。此下三碧皆玉，故自下以至王之玄繚謂之黑。組紐之基，玉名，有十二基也。參方玄繚璧、豹虎皮十二。參方，陳幣三所也。璧、皮兼陳也。四方玄繚璧琰十二。琰，珪也。有鋒疾，陳之四方，所列之也。

外臺之四隅，張赤弈，爲諸侯欲息者皆息焉，命之曰爻閭。每角張，息者隨所近也。侯稱爻也。周公旦主東方所之，青馬黑嶡，謂之母兒。周公主東方，則太公主西方。東青馬，則西白馬矣。馬名未聞。其守營牆者衣青，操弓執矛。戟也。各異方。

西面者上北方：稷慎文麈。❸稷慎，肅慎也。貢麈似鹿。正北，❹内臺北也。穢人前兒。前兒

---

❶「車立馬乘」，孫詒讓疑當作「車乘立焉」。

❷「嶡」，當作「毹」，王應麟本作「毹」。

❸「文」，原作「大」，今據《大戴禮記》改。「麈」，原作「塵」，今據諸本改。注及後皆同。

❹「北」，原作「比」，今據文義改。

若彌猴，立行，聲似小兒。穢，韓穢，東夷別種。良夷在子。在子□身人首，❶脂其腹炙之霍，則鳴曰「在子」。良夷，樂狼之夷也，貢奇獸。揚州禺。禺，魚名。解隃冠。亦奇魚也。發人鹿鹿者，❷若鹿迅走。發亦東夷。迅，疾。俞人雖馬。俞，東北夷。雖馬，如馬，❸一角，大者曰麟也。青丘狐九尾。青丘，海東地名。周頭煇羝。❹煇羝者，❺羊也。周頭，亦海東名也。黑齒白鹿、白馬。黑齒，西遠之夷也，貢白鹿、白馬。白民乘黄。乘黄者似騏，❻背有兩角。白民，亦南夷。東越海蛤。東越，則海際。蛤，文蛤。歐人蟬蛇。蟬蛇順，食之美。東越，歐人也。比交州蛇特多，爲上珍也。姑於越納。曰姑妹珍。❼姑妹國後屬越。且甌文蜃。且甌在越。文蜃，大蛤也。共人玄貝。❽

---

❶「□」，疑當作「鱉」，王應麟本作「幣」，以音誤。
❷「鹿鹿」，盧本改作「麃麃」。
❸「如馬」，原作「舊駕」，今據王應麟本改。
❹「羝」，原作「羖」，今據王應麟本改。下「羝」同。
❺「者」，原作「去」，今據諸本改。
❻「騏」，《初學記》、《文選注》引作「狐其」，「其」屬下。
❼「曰」，王應麟本無。「珍」，俞樾疑當作「珧」。
❽「共」，程本、吴本、鍾本、王本、王應麟本作「若」。注同。

共人，吴越之蠻。玄貝，照貝也。海陽大蟹。海水之陽，一蟹盈車。自深桂。❶自深，亦南蠻也。會稽以鼉。皆西嚮。其皮可以爲鼓。首自麈以下至此，向西也。

上北方：義渠以茲白。茲白者若白馬，鋸牙，食虎豹。亦在臺北，與大麈相對。義渠，西戎國。茲白，一名駮者也。央林以酋耳。❷酋耳者身若虎豹，尾長三其身，❸食虎豹。央林，戎之在西南者。北唐戎以閭。閭似隃冠。❹北唐戎，在西北者也。射禮以閭象爲射器。渠叟以鼩犬。❺鼩犬者露犬也，能飛，食虎豹。渠叟，西戎之别名也。樓煩以星施。星施者珥旄。樓煩，北狄。珥旄，所以爲旄羽耳。卜盧以羊。羊者，牛之小者也。卜盧，盧人，西北戎也，今盧水是。區陽以鼈封者，若彘，前後有首。區陽，亦戎之名也。規規以麟。❻麟者，獸也。規規，亦戎也。麟似麈，牛尾一角，鳥蹄也。西申以鳳鳥。鳳鳥者戴仁抱義，掖信，歸有德。其形似雞，蛇首魚尾。戴仁，向仁

---

❶「自」，何秋濤校作「目」。注同。
❷「央」，原作「史」；「酋」，原作「尊」，今併據王應麟本改。下「酋」同。
❸「三」下，原衍「尺」字，今據王應麟本删。
❹「閭似」，原作「閭以」，今據王應麟本改。「冠」，《山海經》注引無，此當衍。
❺「鼩」，原作「鼩」，今據王應麟本改。
❻「規規」，原作「規矩」，今據王應麟本改。注同。「鱗」，原脱，今據王應麟本補。

國。抱義，懷有義。掖信，歸有德之君也。氐羌鸞鳥。❶氐地之羌不同，故謂之氐羌，今謂之氐矣。鸞大於鳳，亦歸仁義也。巴人以比翼鳥。巴人，在南者。不比不飛，其名曰鶼鶼。方揚以皇鳥。方揚，亦戎別名也。皇鳥，配於鳳者也。蜀人以文翰。文翰者若皐雞。❷鳥有文彩者。皐雞似鳧，冀州謂之澤特也。方人以孔鳥。亦戎別名。孔，與鸞相配也。卜人以丹沙。卜人，西南之蛮，丹沙所出。夷用閵采。❸夷，東北夷也。采生火中，色黑，面光，其堅若鐵也。康民以桴苡。❹桴苡者其實如李，❺食之宜子。康，亦西戎之別名也。食桴苡即有身。州靡費費。其形人身技踵，❻自笑，笑則上脣翕其目；❼食人，北方謂之吐嘍。州靡，北狄也。費費曰梟羊，好行，立行如人，被髮，前足稍長者也。都郭

❶「氐」，原作「丘」，今據王應麟本改。注中「氐」據改。
❷「皐」，臧氏《經義雜記》疑是「翚」誤。注同。
❸「夷」，劉師培疑是「矛」誤，同「鬏」。注同。「閵采」，王應麟本作「闖木」。
❹「康」，孫詒讓疑是「庸」訛。注同。
❺「桴苡」，原脱，今據王應麟本補。
❻「技」，元刊本作「枝」，王本作「反」。
❼「翕」，王念孫疑當作「弇」。

生生。❶ 生生若黄狗，❷人面能言。都郭，北狄。生生，二名也。奇幹善芳。善芳者頭若雄雞，佩之令人不昧。皆東嚮。奇幹，亦北狄。善芳，鳥名。不昧，不□也。❸ 皆東東向列次也。

北方臺正東：高夷嗛羊。嗛羊者羊而四角。高夷，東北夷，高麗句。獨鹿邛邛距虚，❹善走也。獨鹿，西方之戎也。邛邛，獸似距虚，負厥而走也。孤竹距虚。孤竹，東北狄。距虚，獸也，驢騾之屬。不令支玄獏。❺ 不令支，皆東北夷。獏，白狐，玄獏則黑狐也。不屠何青能。❻ 不屠何，亦東北夷也。東胡黄羆。東胡，東北西卑。山戎戎菽。❼ 山戎，亦東北夷。戎菽，荳藥也。其西：般吾白虎。次西。般吾，北狄近西也。屠州黑豹。屠州，狄之别也。禺氏騊駼。禺氏，西北戎夷。騊駼，馬之屬也。大夏兹白牛。大夏，西北戎。兹白牛，野獸也，似白牛形也。犬戎文馬而赤鬣縞身，❽目若黄

❶「生生」，王應麟本作「狌狌」。
❷「生生」，原脱，今據王應麟本補。
❸「□」，王應麟本作「忘」。
❹「距虚」，朱右曾改作「邛邛」。
❺「獏」，原作「模」，今據王應麟本改。注同。
❻「能」，王應麟本作「熊」。
❼「戎」，原脱，今據注補。
❽「文馬」，盧本重。「而」，盧本無。

金，名吉黄之乘。❶犬戎，西戎之遠者也。數楚每牛。每牛者，牛之小者也。數楚，亦北戎也。匈戎狡犬。❷狡犬者巨身，四足果。❸皆北嚮。匈奴者，北戎也。權扶玉目。❹權扶，南蠻也。玉之有光明也，形甚小也。白州比閭。❺比閭者其葉若羽，❻伐其木以爲車，終行不敗。白州，東南蠻也，與白民接也。水中可居者洲，洲中出此珍也。禽人菅。❼亦東南蠻。❽菅草堅忍。路人大竹。路人，東方之蠻，貢大竹。長沙鼈。特大而美，故貢也。其西：魚復鼓鐘鐘牛。次西列也。魚復，南蠻國也。貢鼓及鐘而似牛形者，美遠致也。揚蠻之翟。❾揚州之蠻貢翟鳥。倉吾翡翠。翡翠者所以取羽。倉吾，亦蠻也。翠羽，其色青而有黄也。其餘皆可知。自古之政，餘，謂衆諸貢物也。言政化之所

---

❶「吉黄」，原作「古黄」，今據《山海經·海内北經》注所引改，王應麟本作「吉皇」。
❷「匈戎」，王應麟本作「匈奴」。
❸「足」，原作「尺」，今據王應麟本改。「果」，劉師培謂當作「裸」。
❹「玉」，原作「三」，今據王應麟本改。
❺「比」，原作「北」，今據王應麟本改。下同。
❻「葉」，原作「革」，王應麟本作「華」，今據陳逢衡説改。「羽」，原作「於」，今據王應麟本改。
❼「菅」，原作「管」，今據注及王本改。
❽「南」，原作「東」，今據諸本改。
❾「揚蠻」，原倒乙，今據注乙正。

至也。南人至衆。❶皆北嚮。南人，南越。

伊尹朝獻《商書》。言别有此書也。不周書，❷録中以事類來附。王會期朝貢事，故令附合。

湯問伊尹曰：「諸侯來獻，或無馬牛之所生，而獻遠方之物，事實相反，不利。非其所有，而當遠求於民，故不利也。今吾欲因其地勢所有獻之，必易得而不貴。其爲四方獻令！」制其品服之令。伊尹受命，於是爲四方令曰：「臣請正東符婁、仇州、伊慮、漚深、九夷、十蠻、越漚、鬋髮文身，❸十者，東夷蠻越之别稱。剪髮文身，因其事以名也。請令以魚皮之鞞、❹□鰂之醬，❺鮫瞂、利劍爲獻。鞞，刀削。鰂，魚名。瞂，盾也，以鮫皮作之。鮫，文魚也。正南甌鄧、桂國、損子、産里、百濮、九菌，六者，南蠻之别名。請令以珠璣、瑇瑁、❻象齒、文犀、翠羽、菌鶴、短狗爲獻。

❶「至」，王應麟本作「致」。「衆」，何秋濤疑當作「象」。
❷「不」下，孫詒讓疑當脱「在」字。
❸「髮」，原脱，今據王應麟本增。
❹「皮」，原作「支」，今據王應麟本改。
❺「□」，《北堂書鈔》引作「鯸」，盧本補作「烏」。
❻「瑇」，王應麟本作「瑇」。

璣，似珠而小。菌鶴，可用爲旌翳。短狗，狗之善者也。正西崑崙、狗國、鬼親、枳巳、❶闟耳、貫胸、雕題、離丘、❷漆齒，九者西戎之別名也。闟耳、貫胸、雕題、漆齒等，亦因其事以名之也。請令以丹青、白旄、紕罽、江歷、龍角、神龜爲獻。江歷，珠名。龍解角得也。正北空同、大夏、莎車、姑他、旦略、❸貌胡、戎翟、❹匈奴、樓煩、月氏、❺孅犂、其龍、東胡，十二者北狄之別名也。戎狄在西北界，戎翟之間國名也。請令以橐駞、白玉、野馬、騊駼、駃騠、良弓爲獻。」湯曰：「善！」

---

❶「巳」，陳逢衡疑是「巴」誤。
❷「丘」，李善《文選注》引作「身」。
❸「旦」，鍾本作「且」。
❹「戎」，王應麟本作「代」。
❺「氏」，原作「氐」，今據諸本改。

逸周書卷第八

祭公解第六十

王若曰：「祖祭公，祭公，周公之後，昭穆於穆王在祖列。次予小子虔虔在位。虔，敬。昊天疾威，予多時溥愆。溥，大也。言昊天疾威於我，故多是過失。我聞祖不豫有加，予惟敬省。不弔天降疾病，予畏之威，❶公其告予懿德。」弔，至也。言己道不至，故天下疾。王畏守不美。懿，美也。祭公拜手稽首曰：「天子！拜手，頭至手。稽首，頭俯地。謀父疾維不瘳。朕身尚在茲，朕魂在于天。謀父，祭公名。我魂在於天，言必死也。昭王之所勖，宅天命。」言雖魂在天，猶明王之所勉，君天下之士也。

王曰：「嗚呼！公，朕皇祖文王、烈祖武王，度下國，作陳周。維皇皇上帝度其心，寘之明德。下國，謂諸侯也。天度其心所能，寘明德於其身也。付俾於四方，用應受天命，敷文在下。付

❶「之威」，趙本作「天威」。

與四方，受命於天，而敷其文德在下土也。我亦維有若文祖周公暨列祖召公茲申。予小子追學於文、武之蔑，言己追學文、武之徵德，此由周、召分治之化也。用克龕紹成、康之業，❶以將天命，用夷居之大商之衆。將，行；夷，平也。言大商，本其初也。我亦維有若祖祭公之執和周國，保乂王家。」執，謂執其政也。

王曰：「公，稱丕顯之德，以予小子揚文、武大勳，弘成、康、昭考之烈。」稱，謂舉行也。昭考，昭王，穆王之父也。王曰：「公，無困我哉！俾百僚乃心率輔弼予一人。」言公當使百官相率和輔弼我，不然則困我。祭公拜手稽首曰：「允乃詔！畢桓于黎民般。」❷般，樂也。言信如王告，盡治民樂政也。乃，汝，汝王也。

公曰：「天子，謀父疾維不瘳，敢告天子：皇天改大殷之命，維文王受之，維武王大尅之，咸茂厥功。茂，美也。文王以受命爲美，武王以尅殷爲美，故曰咸也。維天貞文王，重之用威，❸亦尚寬壯厥心，康受乂之式用休。貞，正也。重之用威，伐崇、黎也。既尅之，而安受治之，其治用美也。亦先王茂綏厥心，敬恭承之。維武王申大命，戡厥敵。」言武王申文王受命之意而勝殷也。

❶「用」，原作「周」，今據盧本改。
❷「般」，王念孫疑是「服」字之誤。
❸「重之」，原倒乙，今據注乙正。

公曰：「天子，自三公上下，辟于文、武，文、武之子孫大開方封于下土。辟，法也。言我上法文、武，方大開國，旁布於下土。天之所錫武王時疆土，丕維周之□，❶□□后稷之受命，❷是永宅之。錫與言天予武王是疆，所受是大。維周之開基大，維后稷所受命，是長居此也。維我後嗣旁建宗子，丕維周之始并。旁建宗子，立爲諸侯。言皆始并天子之故也。嗚呼！天子、三公，監于夏、商之既敗，丕則無遺後難，至于萬億年，守序終之。言當夏、商以爲戒，大無後難之道，守其序而終也。既畢，丕乃有利宗，丕維文王由之。」既終之則有利于宗，皆由文、武之德也。公曰：「嗚呼！天子，我不則寅哉寅哉。寅，敬也。不則，言則也。汝無以戾□罪疾喪時二王大功，❸戾反罪疾，謂己所行也。是二王，文、武。汝無以嬖御固莊后，嬖御，寵妾也。固，戾也。汝無以小謀敗大作，小謀，不法先王也。大作，大事也。汝無以嬖御士疾大夫卿士，言無親小人、疾君子。汝無以家相亂王室而莫恤其外。言倍臣執國命。恤，憂也。外，謂王室之外也。尚皆以時中乂萬國。言當盡用是中道治天下也。嗚呼！三公，汝念哉！汝無泯泯芬芬厚顏忍醜，時維大不弔哉！戒三公使

❶「□」，盧本從趙曦明説補作「基」，《六藝流别》作「肇」。
❷「□□」，盧本從趙曦明説補作「不維」，《六藝流别》作「基自」。
❸「□」，以注當作是「反」。

念我與王也。泯芬，亂也。忍行亂則厚顏忍醜也。如是，則大不善者也。昔在先王，我亦維丕以我辟險于難，❶不失于正。我亦以免没我世。先王，穆公，祭公所事也。辟，君也。言我事先王遇大難險而不失，故能以善没世，言善終。嗚呼！三公，予維不起朕疾，汝其皇敬哉！兹皆保之，皇，大也。言當式敬我言。如此，則天下皆安之。曰：康子之攸保，勖教誨之，世祀無絶。不，我周有常刑。」康，安也。子之所宜安，以善道勉教之，則子孫有福。不然，則犯常刑也。王拜手稽首黨言。王拜受祭公之黨言也。王拜，❷則三公拜可知也。

史記解第六十一

維正月，王在成周。昧爽，召三公、左史戎夫王，是穆王也。戎夫，左史名也。曰：「今夕朕寤，遂事驚予。」遂，成也。行成事，言驚夢，宿欲知之也。乃取遂事之要戒，俾戎夫言之，朔望以聞。集取要戒之言，月朔日望於王前讀之。

信不行義不立，則哲士凌君政。言君不行信義，信義由智立，故哲士凌君之政也。禁而生亂，

❶「丕」，當是「不」字之誤。

❷「王」，原作「二」，今據鍾本、王本改。

皮氏以亡。禁信義則亂生。皮氏，古諸侯也。諂諛日近，方正日遠，則邪人專國政。好順人意爲諂諛。禁而生亂，華氏以亡。華，聚也。亦古諸侯也。好貨財珍怪，則邪人進。邪人進，則賢良日蔽而遠。賢良不行貨，故蔽遠。賞罰無位，隨財而行，夏后氏以亡。桀由好財亡也。嚴兵而不仁者其臣懾。❶其臣懾而不敢忠，不敢忠則民不親其吏。不敢忠乃不仁。下效其上，故不親。刑始於親，遠者寒心，殷商以亡。紂以暴虐亡也。樂專於君者權專於臣。權專於臣，則刑專於民。君荒於樂則權臣專斷，用刑濫矣。君娱於樂，臣爭於權，民盡於刑，有虞氏以亡。專則致爭，而刑殺之，盡被刑也。有虞，商均之後。奉孤以專命者，謀主必畏其威而疑其前事，謀主，謂孤長大也。前事，謂專命。挾德而責數日疏，❷位均而爭，平林以亡。挾其見奉之德而責其前專命事，此與周公反矣，位於勢敵。大臣有錮職，譁誅者危。昔者質沙三卿朝而無禮，君怒而久拘之，譁而弗加，錮職，謂事專權也。諸卿謀變，❸質沙以亡。有三卿，諸侯可知也。外內相間，下撓其民，民無所附，三苗以亡。弱小在彊大之間，存亡將由之，則無天命矣，不知命者死。無天命，命在彊壯者也。

---

❶「仁」，原闕，今據王本補。

❷「挾德而責數日疏」七字，《路史・國名紀》引作「挾德責數，賢能日疏」。

❸「諸」，原作「譁」，今據王本改。

知命則大，不知命則足以亡矣。有夏之方興也，扈氏弱而不恭，身死國亡。有夏，啓也，戰於甘，威扈也。嬖子兩重者亡。昔者義渠氏有兩子，異母皆重，王不別長庶而寵秩同。君疾，大臣分黨而争，義渠以亡。各有所事而争力也。功大不賞者危。昔平州之臣功大而不賞，❶諂臣賞貴，❷功臣怒而生變，❸平州之君以走出。有功不賞而貴諂臣，有德不官而任姦佞，宜其出走也。❹召遠不親者危。昔有林氏召離戎之君而朝之，林氏，諸侯。至而不禮，留而弗親，離戎逃而去之，林氏誅之，天下叛林氏。天下見其遇戎不以禮，遂叛林氏，林氏孤危也。昔者曲集之君伐智而專事，彊力而不賤其臣，忠良皆伏，❺伐智自足也。謂不爲之用。愉州氏伐之，君孤而無使，曲集以亡。曲集、愉州，皆古諸侯。昔者有巢氏有亂臣而貴，任之以國，假之以權，擅國而主斷，委之政也。君已而奪之，臣怒而生變，有巢以亡。秉正則專，立殺則多恐，雖君奪其政，惧禍見及，故作亂也。斧小不勝柯者亡。昔有鄶君嗇儉，滅爵損禄，群臣卑讓，上下不臨。柯，秉，所以喻君。斧所以用，

❶「臣」，原脱，今據文義補。
❷「臣」下，原衍「日」字，今據朱駿聲、孫詒讓説删。
❸「臣」，原作「日」，今據朱駿聲、孫詒讓説改。
❹「出」，原闕，今據諸本補。
❺「忠」，原闕，今據程本、鍾本、王本補。

喻臣。臣無爵禄，君所以任。不臨，言不相承奉也。後□小弱，❶禁罰不行，重氏伐之，鄶君以亡。兩弱，不能行令。久空重位者危。昔有共工自賢，自以無臣，久空大官，言無任己臣者，故空官也。下官交亂，民無所附，唐氏伐之，共工以亡。無大臣，故小臣亂也。君凶於上，臣亂於下，民無所依，堯遂流之。犯難争權，疑者死。昔有林氏、上衡氏争權，争爲犯難。不果爲疑。林氏再戰弗勝，上衡氏僞義弗克，俱身死國亡。林氏恃勝，上衡氏怠義，所以俱亡。知能均而不親，並重事君者危。昔有南氏有二臣，貴寵，力鈞勢敵，竟進争權，下争朋黨，君弗禁，南氏以分。二臣勢鈞而不親，權重養徒黨，所以分國也。昔有果氏好以新易故，故者疾怨，新故不和，有果，亦國名也。內争朋黨，陰事外權，有果氏以亡。外權，謂外大國。爵重禄輕，比□不成者亡。❷昔有畢程氏，損禄增爵，群臣貌匱，比而戾民，畢程氏以亡。有位無禄，取名自成，民不堪求，比而罪之。好變故易常者亡。昔陽氏之君自伐而好變，事無故業，官無定位，民運於下，運，亂移也。陽氏以亡。業形而愎者危。昔谷平之君愎類無親，❸破國弗克，業形用國，愎，佷；類，戾也。國不勝彼，以形

❶「□」，丁宗洛補作「鄶」。

❷「□」，據下文及注疑作「戾」。

❸「谷」，諸本作「穀」。

爲業也。外内相援，谷平以亡。武不止者亡。昔阪泉氏用兵無已，誅戰不休，并兼無親，文無所立，智士寒心，無親，謂并兼之也。無文德，故智士寒心也。徙居至于獨鹿，諸侯畔之，阪泉以亡。獨鹿，西戎地名。徙都失處，故亡也。佷而無親者亡。昔者縣宗之君佷而無聽，不納忠言。執事不從，宗職者疑發大事，群臣解體，皆有違心。國無立功，縣宗以亡。昔者玄都賢鬼道，廢人事，❶求祥神也。謀臣不用，龜策是從，神巫用國，哲士在外，玄都以亡。棄賢任巫，所以亡也。文武不行者亡。❷昔者西夏性仁非兵，性仁而無文德，非兵而無武備。城郭不脩，武士無位，惠而好賞，屈而無以賞，無功盡賞，財無可用。唐氏伐之，城郭不守，武士不用，西夏以亡。唐氏，堯帝。美女破國。昔者績陽彊力四征，重丘遺之美女，重丘之君畏其并己，惑之以女。績陽之君悦之，熒惑不治，大臣爭權，遠近不相聽，國分爲二。君昏於上，權分於下，所爲二也。宮室破國。昔者有洛氏宮室無常，池囿廣大，工功日進，以後更前，民不得休，農失其時，工功進，則民困矣。以工取官，賢材退矣。飢饉無食，成商伐之，有洛以亡。湯號曰成，故曰成湯。

❶「事」下，原衍「天」字，今據潘振説删。
❷「文」，俞樾疑是衍文。

職方解第六十二

職方氏掌天下之圖，辯其邦國都鄙、❶四夷八蠻、七閩九貉、五戎六狄之人民，此在《周官・大司馬》下篇，穆王使有司抄出之，欲時省焉。國邑曰鄙。東方曰夷，南方曰蠻，皆狄蠻之别，貉夷之别。八、七、九、五、六，見非一之言也。與其財用、九谷、六畜之數，周知其利害，乃辨九州之國，使同貫利。貫，事。

東南曰揚州。其山鎮曰會稽，其澤藪曰具區，❷其川三江，其浸五湖，其利金、錫、竹箭，其民二男五女，其畜宜雞、犬、鳥、獸，其穀宜稻。❸竹箭，篠篠也。九州土氣，生民男女各不同。鳥獸，山澤所育之屬。

正南曰荆州。其山鎮曰衡山，其澤藪曰雲夢，其川江、漢，其浸潁、湛，❹其利丹、銀、齒、革，其民一男二女，其畜宜鳥獸，其穀宜稻。

---

❶「辯」，朱右曾據《周禮・職方氏》改作「辨」。後同。
❷「澤藪」，原倒乙，今依例乙正。「具」，原作「其」，今據元刊本、程本、吴本、王本改。
❸「稻」，原闕，今據吴本、王本補。
❹「潁湛」，盧本作「潁湛」，朱右曾據《説文》改作「波溠」。

河南曰豫州。其山鎮曰華山，其澤藪曰圃田，其川滎、雒，❶其浸陂、溠，❷華山，西岳。其利林、漆、絲、枲，其民二男三女，其畜宜六擾，其穀宜五種。家所畜曰擾。五種，謂黍、稷、菽、麥、稻也。

正東曰青州。其山鎮曰沂山，其澤藪曰望諸，其川淮、泗，其浸沂、沭，❸其利蒲、魚，其民二男三女，其畜宜雞、犬，其穀宜稻、麥。

河東曰兖州。其山鎮曰岱山，其澤藪曰大野，其川河、泲，❹其浸盧、維，其利蒲、魚，其民二男三女，其畜宜六擾，其穀宜四種。四種，黍、稷、稻、麥。

正西曰雍州。其山鎮曰嶽山，其澤藪曰彊蒲，❺其川涇、汭，其浸渭、洛，其利玉、石，其民三男二女，其畜牛、馬，其穀宜黍、稷。嶽，異嶽也。

❶「滎」，原作「熒」，今據文義改。
❷「陂溠」，朱右曾據《説文》改作「潁湛」。
❸「沭」，原作「沐」，今據鍾本改。
❹「泲」，原作「沛」，今據諸本改。
❺「彊」，《周禮》作「弦」。

東北曰幽州。其山鎮曰醫無閭，其澤藪曰豯養，其川河、泲，❶其浸菑、時，其利魚、鹽，其民一男三女，其畜宜四擾，其穀宜三種。四擾，牛、馬、羊、豕。三種，黍、稻、稷也。

河内曰冀州。其山鎮曰霍山，其澤藪曰楊紆，其川漳，其浸汾、露，其利松、栢，其民五男二女，其畜宜牛、羊，其穀宜黍、稷。所謂河内者。

正北曰并州。其山鎮曰恒山，其澤藪曰昭餘祁，其川虖池、嘔夷，其浸淶、易，其利布帛，其民二男三女，其畜宜五擾，其穀宜五種。五擾，牛、馬、羊、豕、犬。五種，黍、稷、菽、麥、麻。

乃辯九服之國：方千里曰王圻。圻，界也。其外方五百里爲侯服，爲王者斥候也。服言服王事也。❷又其外方五百里爲甸服，甸，田也，治田又入穀也。又其外方五百里曰男服。❸男，任也，任王事。又其外方五百里爲衛服，爲王扞衛也。又其外方五百里曰蠻服，用事差簡慢。又其外五百里曰夷服，❹又其外方五百里爲鎮服，□□□□□又其外方五百里爲藩服。藩服，屏四境也。

❶「泲」，原作「沛」，今據諸本改。
❷「服」，原闕，今據盧本補。「王」，原作「正」，今據文義改。
❸「曰」，盧本改作「爲」。下同。
❹「又其外五百里曰夷服」九字，原脱，今據《周禮》補。

凡國，公、侯、伯、子、男，以周知天下。凡邦國，❶大小相維。王設其牧，❷周，徧；維，持也。牧，謂牧御天下之政教。制其職，各以其所能。❸連率牧監，各任能也。制其貢，各以其所有。土地所有乃貢之。❹王將巡狩，則戒于四方曰：「各脩平乃守，考乃職事，無敢不敬戒，國有大刑。」考，成也。不敬則犯大刑也。職方所。❺及王者之所行道，率其屬而巡戒命，王殷國亦如之。王十二歲一巡狩。職方自所戒之命。其不巡狩，六服盡朝。朝謂之殷國也。述命亦如巡狩也。

❶「邦」，原作「拜」，今從盧本據《周禮》改。
❷「牧」，原作「教」，今據注及諸本改。
❸「各」，原作「名」，今據下文改。
❹「地」，原作「也」，今據文義改。
❺「所」下，有脱文，疑當作「掌」。

逸周書卷第九

芮良夫解第六十三

芮伯若曰：「予小臣良夫稽首謹告：❶伯，爵；若，順也。順其事而告之也。天子惟民父母，❷致厥道，無遠不服；無道，左右臣妾乃違。無道，無德政。違，畔也。民歸于德。德則民戴，否則民讎。茲言允效于前不遠。言驗於前世。不遠，言近。商紂不改夏桀之虐，❸肆我有家。舉桀、紂惡滅亡爲戒也。嗚呼！惟爾天子嗣文、武業，惟爾執政小子同先王之臣，昏行□顧，❹道王不若。同爲昏闇，言教王爲不順。專利作威，佐亂進禍，民將弗堪。專利侵民，佐亂，進於禍也。治亂信乎其行，惟王暨爾執政小子攸聞。行善則治，行惡則亂，皆所聞知。古人求多聞

❶ 「首謹」，原作「道謀」，今據《羣書治要》改。《羣書治要》開篇有「厲王失道芮伯陳誥作芮良夫」十二字。
❷ 「天」，原脱，今據《羣書治要》補。
❸ 「改」，原作「道」，今據《羣書治要》改。
❹ 「□」，《羣書治要》作「内」，王引之疑當作「罔」，《六藝流别》作「罔」。

以監戒，不聞是惟弗知。言古人患不聞，故有所不知也。后除民害，不惟民害，害民，乃非后，惟其讐。害民，是與民爲怨讐。后作類，后弗類，民不知后，惟其怨。言民不從上命，從其所行。類，善也。不知君，則怨深矣。民至億兆，后一而已，寡不敵衆，后其危哉！言下上無義，對共相怨，則寡者危也。嗚呼！□□□如之。❶人養食之，則擾服，雖家畜，不養則畏人，治民亦然也。今爾執政小子惟以貪諛爲事，❷不勤德以備難，專利爲貪，曲從爲諛。下民胥怨，財單竭，❸手足靡措，弗堪戴上，不其亂而？言民相與怨上，上加之罪，民不堪命而作亂。以予小臣良夫觀天下有土之君，有土，謂之諸侯也。厥德不遠，罔有代德。言無遠德，罔有天下也。時爲王之患，其惟國人。是國人爲患也。嗚呼！惟爾執政朋友小子，其惟洗爾心，改爾行，克憂往愆，以保爾居。洗心改行，憂往過，則安爾之居位。爾乃聵禍翫烖，遂弗悛，❹余未知王之所定，矧乃□□？❺聵陽不聞，

❶「□□□」，《羣書治要》作「野禽馴服於人，家禽見人而奔，非禽畜之性，實惟人。民亦」二十二字。《六藝流别》作「豢擾畜」。

❷「爲事」，《羣書治要》作「事王」。

❸「竭」上，《羣書治要》有「力」字。

❹「遂」下，《北堂書鈔》引有「非」字。

❺「□□」，以注當作「諛臣」，《六藝流别》作「奠居」。

翫心不惕。悛，改；矧，況也。尚不知王定，況貪諛之臣能得其所也。惟禍發於人之攸忽，咎起於人之攸輕。❶心不存焉，❷變之攸伏。言人所輕忽則禍之所起，謂下民也。❸爾執政小子不圖善，❹偷生苟安，爵以賄成，❺苟安，無遠慮；賄成，不任德也。賢智箝口，小人鼓舌，逃害要利，並得厥求，唯曰哀哉！賢者得默以逃害，小人佞諂以要利，各得其求，君子爲之哀者也。我聞曰：以言取人，人飾其言；以行取人，人竭其行。飾言無庸，竭行有成。君子不以言舉人，無功故也，欲行有成故也。惟爾小子飾言事王，寔蕃有徒。王貌受之，終弗獲用。面相誣蒙，及爾顛覆。蕃多徒衆，言非一也。貌謂外相，悦而無實也。君臣之相誣蒙，必相及共顛覆之也。爾自謂有餘，予謂爾弗足。敬思以德，備乃禍難。言其不足於道義也。以，用也。乃，汝也。難至而悔，悔將安及？無曰予爲，❻惟爾之禍。」爲不言也。

---

❶「咎起」，原脱，今據《羣書治要》補。此句，《六藝流別》作「憂重於人之攸經」。
❷「心」，原闕，今據《羣書治要》補。《六藝流別》亦作「心」。
❸「下」，原作「不」，今據元刊本改。
❹「善」，《羣書治要》作「大難」，《六藝流別》作「若」。
❺「以」，原脱，今據《羣書治要》補。
❻「爲」，《六藝流別》作「譌」，疑是。

太子晋解第六十四

晋平公使叔譽于周，❶見太子晋而與之言，叔譽者，大夫叔向也。周靈王太子，名晋也。五稱而五窮，❷逡巡而退，其不遂。❸五稱，説五事。遂，終也。歸告公曰：❹「太子晋行年十五，而臣弗能與言。告平公，稱其賢才也。君請歸聲就、復與田。若不反，及有天下，將以爲誅。」聲就、復與，周之二邑，周衰，晋取之也。平公將歸之，師曠不可，曰：「請使瞑臣往與之言，若能幪予，反而復之。」師曠，晋大夫，無目，故稱瞑。幪，復也。度謀還與否也。

師曠見太子，稱曰：「吾聞王子之語高於泰山，夜寢不寐，晝居不安，不遠長道而求一言。」言高於太山，言無上也。不安，至飢渴也。王子應之曰：「吾聞太師將來，甚喜而又懼。吾年甚少，見子而懾，盡忘吾其度。」❺懾而忘度，所以爲謙。師曠曰：「吾聞王子，古之君子甚成不

---

❶「于」上，《潛夫論》有「聘」字。
❷「五窮」，盧本及《帝王世紀》作「三窮」。
❸「其」下，陳逢衡、丁宗洛、唐大沛三家補「言」字，《潛夫論》有「言」字。
❹「公」，原闕，今據諸本補。
❺「忘」，元刊本、吴本、王本作「亡」。「其」，王念孫疑衍。

驕，自晉始如周，❶行不知勞。」有成德，不以驕易也。王子應之曰：「古之君子，其行至慎，委積施關，道路無限，百姓悦之，相將而遠。遠人來驩，視道如尺。」言己不及古君子。尺，踰近。師曠告善，又稱曰：「古之君子，其行可則。由舜而下，其孰有廣德？」問舜以下可法則之君子也。王子應之曰：「如舜者天。舜居其所，以利天下，奉翼遠人，皆得已仁，此之謂天。言其仁合天道。如禹者聖。勞而不居，以利天下，好與不好取，❷必度其正，是之謂聖。盡力溝洫，勞也。貪財利與，其功合聖道也。如文王者其大道仁，其小道惠。三分天下而有其二，敬人無方，服事於商。既有其衆，而返失其身，此之謂仁。以其仁德，人惠懷之。行無常，唯賢所在。勞謙恭儉，日夜不息，返失之勤。如武王者義。殺一人而以利天下，異姓同姓各得其所，是之謂義。」❸一人，紂也。義，善。師曠告善，又稱曰：「宣辨名命，❹異姓惡方，王侯君公，何以爲尊，何以爲上？」問其事儀。王子應之曰：「人生而重丈夫，謂之胄子。胄子成人，能治上官，謂之士。胄，□。士率衆時作，謂之曰伯。伯能移善於衆，與百姓同，謂之公。作謂農功，同謂好義。公

❶「始」，王念孫疑衍。
❷「好與不好取」，原作「好取不好與」，今從劉師培説據《路史後紀》改。
❸「其所是」三字，原脱，今據盧本補。
❹「名」，原作「各」，今據諸本改。

能樹名生物，與天道俱，①謂之侯。侯能成群，謂之君。立民生物，謂化施於民也。成，謂成物。群，謂之爲長也。君有廣德，分任諸侯而敦信，曰予一人。敦，厚也。善至于四海，曰天子；達於四荒，曰天王。四海，四夷。四荒，四表。四荒至，莫有怨訾，乃登爲帝。」訾，嘆恨也。合五等之尊卑而論事義以爲之名者也。

師曠罄然，又稱曰：「温恭敦敏，方德不改，聞物□□，②下學以起，尚登帝臣，乃參天子，自古誰？」罄然，自嚴整也。方，道初本也。起其物義也。問最賢之人也。王子應之曰：「穆穆虞舜，明明赫赫，立義治律，萬物皆作，分均天財，萬物熙熙，非舜而誰能？」③律，法也。謂致其物也。熙熙，和盛。言舜臣堯，功德如此也。師曠束躅其足，④曰：「善哉，善哉！」束躅，踏也。王子曰：「太師何舉足驟？」師曠曰：「天寒足跼，⑤是以數也。」驟，亦數也。王子戲問，故師曠戲答。王子曰：「請入坐！」遂敷席注瑟。師曠歌《無射》曰：「國誠寧矣，遠人來觀。修義經矣，好

---

① 「生物，與」，原作「與物」，今從盧本據《太平御覽》改。
② 「聞物□□」，劉師培謂《圖讚》作「開物于初」。
③ 「能」，盧本删。
④ 「束」，原作「東」，今據王念孫説改。注同。
⑤ 「跼」，原作「躅」，今據盧本改。

樂無荒。」交言於堂，故更入燕室，坐歌此辭，而音合於《無射》之律。乃注瑟於王子。王子歌《嶠》曰：「何自南極至于北極，絶境越國，弗愁道遠？」《嶠》，曲名也。師曠作新曲，美王子也。王子述舊曲，諫也。師曠蹶然起，曰：「瞑臣請歸！」蹶然，疾貌。

王子賜之乘車四馬，❶曰：「太師亦善御之？」禮爲天子三賜不及者馬，此賜則自王然後行可知也。師曠對曰：「御，吾未之學也。」王子曰：「汝不爲夫《詩》？❷《詩》云：『馬之剛矣，轡之柔矣。馬亦不剛，轡亦不柔。志氣麃麃，❸取予不疑。』以是御之。」馬不剛轡不柔，言和擾也。麃麃，亦和貌也。不疑，和之心也。師曠對曰：「瞑臣無見，爲人辯也，唯耳之恃，而耳又寡聞而易窮。王子，汝將爲天下宗乎！」辯，别也。爲人有所别，唯恃耳也。宗，尊也。天下所尊，則有明王者也。王子曰：「太師，何汝戲我乎？自太皞以下，至于堯、舜、禹，未有一姓而再有天下者。夫木當時而不伐，❹天何可得？言自庖犧至禹，其子孫未有期運當時，斯不立矣。言周衰未盡，己不

❶「之」，原脱，今據諸本補。
❷「詩」，原作「時」，今據文義改。
❸「麃麃」，原作「塵塵」，今據《左傳疏》所引改。下同。
❹「木」，原作「大」，今據丁宗洛、朱右曾改。

必立也。且吾聞汝知人年長短，❶告吾。」師曠對曰：「汝聲清汗，❷汝色赤白。火色不壽。」清，角也。言音汙沈木，木生火色赤。知聲者則色亦然。王子曰：「吾後三年上賓于帝所，❸汝慎無言，殃將及汝。」❹言死必爲賓于天帝之所，鬼神之則。王子之事，不欲令人知也。師曠歸，未及三年，告死者至。未及三年，并歸之年爲三年，則王子年十七而卒也。

王佩解第六十五❺

王者所佩在德。德在利民，民在順上。言以利民爲德也。天子事天，所以威下使事上。合爲在因時，應事則易成。得時所爲，合應爲其機。謀成在周長，有功在力多。周，忠信也。力多則功多也。昌大在自克，不過在數懲。以義勝欲得昌大，數有懲艾則無過也。不困在豫慎，見禍在未

❶「知」，原作「之」，今據盧本改。
❷「汙」，諸本作「汗」。
❸「吾」上，《潛夫論》有「然」字。
❹「殃」，原闕，今從盧本據《潛夫論》補。
❺「王」，原作「玉」，今據盧本改。文内「王者」同。

形。事未成，而豫慎則不困也。除害在能斷，❶安民在知過，用兵在知時。能斷所不思也。知過輒改，民將安生。時，謂可戈時也。勝大患在合人心，殃毒在信疑。舉合民心，何患之有哉？孽子在聽内，化行在知和。内聽於孽孽而吐於中，言宜其生灾也。可否相濟曰和。施舍在平心，不幸在不聞其過。施謂施惠，舍謂赦罪。聖人以聞己過爲幸，貴速改也。福在受諫，基在愛民，固在親賢。受諫則無非，故福以愛民爲基。親賢人則固，明君之義也。禍福在所密，利害在所近，存亡在所用，所與密皆親近，所利用皆忠良，則福利至，反是則禍害至。離合在出命。❷尊在慎威，安在恭己，危亡在不知時。教命善則事合，否則離矣。威得其宜則尊，恭己不妄則安。時謂天時，得其時也。見善而怠，時至而疑，亡正處邪，是弗能居。此得失之方也，不可不察。怠，懈墮不能行也。疑，由豫不果也。邪，奸術也。處奸術，是不居大之道也，乃是得失之道也。

殷祝解第六十六

湯將放桀于中野，此事不然矣，或者欲解之。士民聞湯在野，皆委貨扶老携幼奔，國中虛。

❶ 「能」，原作「脆」，鍾本、王本、盧本據注改，今從之。

❷ 「離合在出命」，《漢書·主父偃傳》引作「安危在出令」。

言桀國中空無人，又不然矣。桀請湯曰：「國所以爲國者以有家，家所以爲家者以有人也。今國無家無人矣，君有人，請致國，君之有也。」❶此國爲天下也。湯曰：「否！昔大帝作道，明教士民。今君王滅道殘政，士民惑矣，吾爲王明之。」大帝，謂禹。明禹之事於士民也。士民復致於桀，曰：「以薄之居，❷濟民之賤，何必君更？」此士民辭也。薄，湯所居也。言與君更，與桀徙避湯。

桀與其屬五百人南徙千里，止於不齊。民往奔湯於中野。不齊，地名。桀復請湯，言：「君之有也。」湯曰：「否！我爲君王明之。」士民復重請之。桀與其屬五百人徙於魯，魯士民復奔湯。魯，地名也。桀又曰：「國，君之有也。吾則外人。有言彼以吾道是邪，我將爲之。」❸言桀以此辭勸勉湯者也。湯曰：「此君王之士也，君王之民也，委之何？」湯不能止桀。必欲去也。湯曰：「欲從者從君！」桀與其屬五百人去。居南巢之地名。

湯放桀而復薄，三千諸侯大會。大會于薄。湯退再拜，從諸侯之位。湯曰：「此天子位，

❶「君」上，丁宗洛補「國」字。

❷「薄」，原作「簿」，今據諸本改。

❸「爲」，潘振疑當作「去」。

有道者可以處之。」讓諸侯之有道者。天下非一家之有也，❶有道者之有也。故天下者唯有道者理之，唯有道者紀之，唯有道者宜久處之。久處，久居天子之位。湯以此讓，❷三千諸侯莫敢即位，然後湯即天子之位。三千諸侯勸之也。與諸侯誓曰：「陰勝陽即謂之變，而天弗施。逆天道，故不施。雌勝雄即謂之亂，而人弗行。雌勝雄，女凌男之異。逆人道，故不行焉。故諸侯之治政，在諸侯之大夫治與從。」言下必順上，所以教治也。

周祝解第六十七

曰：維哉，其時告汝。不聞道，❸恐爲身災。言所以告汝不聞道爲身灾也。謹哉民乎！❹朕則生汝，朕則刑汝，告以善道是生之，是以教之以法也。朕則經汝，朕則亡汝，朕則壽汝，朕則名汝。經記汝、昌阜汝、殺亡汝、爲汝請命，名汝善惡也。故曰文之美而以身剥，自謂智也者故不足。狐貉俱以文受害，人自賢則愚。惡返見。角之美殺其牛，榮華之言後有茅。言牛以角死，虚言

❶「天下」，原作「天子」，今據盧本改。
❷「讓」上，朱右曾從王念孫説增「三」字，《藝文類聚》、《太平御覽》有「三」字。
❸「不聞」，原闕，今據程本、吴本、鍾本補。
❹「謹」，《史略》作「攘」。

致穢也。凡彼濟者必不怠，觀彼聖人必趣時。必不怠，故濟。必趣時，故聖。石有玉而傷其山，萬民之患在口言。山以有玉故傷，人以口言受患。時之行也勤以徙，不知道者福爲禍。不徙以及時，人故失其福也。時之徙也勤以行，不知道者以福亡。行，謂與時偕行。故曰：肥豕必烹，甘泉必竭，直木必伐。以其供人用自然理。地出物而聖人是，❶時雞鳴而人爲時，觀彼萬物且何爲來？❷萬物自然，不爲人來，聖人則之，如因雞鳴以識時也。故天有時人以爲正，地出利而民是爭。正，謂敬授民時也。争，謂争其斂之也。人出謀聖人是經，陳五刑民乃敬。經，經度之也。敬上命也。教之以禮民不争，被之以刑民始聽，因其能民乃静。有禮則讓，故不争。聽順静服，謂不爲亂也。故狐有牙而不敢以噬，獂有蚤而不敢以撅，喻人以小能不敢望大官，亦求自盡而已也。勢居小者不能爲大，雖有其材，勢不便故。持欲正中，❸不貪其害。凡執道者，❹不可以不大。不貪害也。中正不立，不大其度，至道不行也。故木之伐也而木爲斧，賊難而起者自近者。因木以伐木，因近以成賊。二人同術，誰昭誰暝？二虎同穴，誰死誰生？成者能昭，猛者能生。故虎之猛也

❶「是」下，盧本云卜本有「趨」字。
❷「物」，原脱，今據注文補。「來」，原作「求」，今據注文改。
❸「持」，原作「特」，今據陳逢衡改。
❹「執」，原作「勢」，今據丁宗洛改。

而陷於護，❶人之智也而陷於詐。虎以食陷阱，人以欲陷詐。詐，罔也。葉之美也解其柯，❷柯之美也離其枝，枝之美也拔其本。儼矢將至，不可以無盾。此言飾木業覆本質也。盾，喻爲人當有所備護。故澤有獸而焚其草木，大威將至，不可爲巧。焚其草木則無種，大威將至，不可以爲勇。言亦貨以危身，禍至不可救也。故天之生也固有度，國家之患離之以故。以言患因事而起故事也。地之生也固有植，國家之患離之以謀。植，立也。有生則立也。故時之還也無私貌，日之出也無私照。還，謂至也。貌，謂無實。時至並應，日出普照也。時之行也順無逆，❸爲天下者用大略。言當以大略順時也。火之燀也固炎上，❹爲天下者用牧。燀，燃也。火曰炎上。牧，爲法也。水之流也固走下，不善故有桴。桴，所擊鼓也。言惡政由於發者也。故福之起也惡別之？禍之起也惡別之？惡，於何也。言其微也。故平國若之何？須國、❺覆國、事國、孤國、屠皆若之

❶「護」，原作「獲」，今據盧本改。
❷「其」，原脱，今據盧本補。
❸「順」下，原衍「至」字，今據盧本删。
❹「炎」，原作「定」，今據注文改。
❺「須」，王念孫疑是「頃」字之誤。

何？❶覆，滅也。事，謂事無便也。孤，謂無謂。屠，爲人分裂也。故日之中也仄，月之望也食，威之失也陰食陽。善爲國者使之有行。食，謂毁明而生魄也。❷仄，跌也。以日蔽於陰，喻君行失道。定彼萬物必有常，❸國君而無道以微亡。微以積小，以致滅亡者也。故天爲蓋，地爲軫，善用道者終無盡；地爲軫，天爲蓋，善用道者終無害。言用道動静法天地。天地之間有滄熱，善用道者終不竭。滄，寒。竭，盡。陳彼五行必有勝，天之所覆盡可稱。言五行相勝以生成，萬物盡可稱名之也。故萬物之所生也性於從，萬物之所反也性於同。❹從，謂立也。始異終，故曰反也。故惡姑幽，惡姑明？惡姑陰陽，惡姑短長，惡姑剛柔？姑者，且也。言幽明之相伐，陰陽之變易，短長之相形，剛柔之相生，始終之道也。故海之大也而魚何爲可得？山之深也虎豹貔貅何爲可服？言皆以貪餌自中鈎檻也。人智之邃也奚爲可測？跂動噦息而奚爲可牧？誠於事，故可測。牽於事，故可牧。玉石之堅也奚可刻？言服飾之窮物也。陰陽之號也孰使之？牝牡之合也孰交之？君子不察福不來。言陰陽之稱號、牝牡之交合，皆自然也。君子察自然之理，則福來也。故忌

❶「屠」下，王念孫疑亦當有「國」字。
❷「毁」，鍾本作「晦」。
❸「定」，程本、鍾本、王本作「是」。
❹「反」，原作「及」，今據注文改。

而不得是生事，故欲而不得是生詐。生事，謂變也。生詐，謂詐爲求之。欲伐而不得生斧柯，欲鳥而不得生網羅，欲彼天下是生爲。所以生成所欲也。謂云爲之事也。維彼幽心是生包，維彼大心是生雄，維彼忌心是生勝。包，謂包藏陰謀；雄，謂雄桀於人也；勝，謂勝所忌，皆惡忌事也。故天爲高，地爲下，察汝躬奚爲喜怒。天爲古，地爲久，❶察彼萬物名於始。言法天地則喜怒無錯，推古久則萬始可知也。左名左，右名右，視彼萬物數爲紀。紀之行也利而無方，行而無止。以觀人情，名以左右，則物以數爲紀。紀則生利，利以利情也。利有等。維彼大道，成而弗改。用彼大道知其極，加諸事則萬物服。差，等也。大道，天道也。極，中也。事，業也。用其則，必有群，加諸物則爲之君。群，類。舉其脩，❷則有理，加諸物則爲天子。修，長也。謂綱例也。

❶「爲」，原脱，今據程本、鍾本、王本補。
❷「脩」，王念孫謂當是「條」字。

逸周書卷第十

武紀解第六十八

幣帛之間有巧言令色，事不成；車甲之間有巧言令色，事不捷。克□事而有武色，❶必失其德。臨權而疑，必離其災。□□不捷，❷智不可□。❸□於不足，❹并於不幾，則始而施。幾而弗克，無功。國有三守：卑辭重幣以服之，弱國之守也；修備以待戰，敵國之守也；循山川之險而固之，❺僻國之守也。伐服不祥，伐戰危，伐險難，故善伐者不伐三守。伐國有六時、五動、四順。間其疏，薄其疑，推其危，扶其弱，乘其衰，暴其約，此謂六時。扶

---

❶「□」，唐大沛疑應補作「戎」。「事」，疑衍。
❷「□□」，疑作「事雖」。
❸「□」，疑作「失」。
❹「□」，朱駿聲補作「謀」。
❺「固」，原作「國」，今據鍾本及盧本改。

之而不讓，振之而不動，數之而不服，暴之而不革，威之而不恐，未可伐也，此謂五動。立之害，毁之利，克之易，并之能，以時伐之，此謂四順。立之不害、毁之不利，唯克之易，并之不能，可伐也。立之害，毁之未利，克之難，并之不能，可動也。静以待，衆力不與，争權弗果，據德不肆，國若是而可毁也。地荒而不振，德衰而失與，無苦而危矣。求之以其道，□□無不得，❶爲之以其事，❷而時無不成。❸有利備，無患事。時至而不迎，大禄乃遷。延之不道，行事乃困。不作小□，❹動大殃。謀有不足者三：❺仁廢則文謀不足，勇廢則武謀不足，備廢則事謀不足。

國有本、有幹、有權、有倫質、有樞體。土地，本也。人民，幹也。敵國侔交，權也。政教順成，倫質也。君臣和□，❻樞體也。土地未削，人民未散，國權未傾，倫質未移，雖有昏

❶「□□」，疑是「而求」二字。
❷「事」，疑是「時」字。
❸「時」，疑是「事」字。
❹「□」，疑當作「備」。
❺「三」，原作「二」，今據元刊本、鍾本及下文改。
❻「□」，朱駿聲補作「輯」。

亂之君，❶國未亡也。國有幾失，居之不可。阻體之小也。不果隣家，難復飾也。封疆侵凌，難復振也。服國從失，難復扶也。大國之無養，小國之畏事。不可以本權，失□家之交；❷不可以枉繩，失隣家之交；不據直以約，不虧體以陰；不可虞而奪也，不可策而服也；不可親而侵也，不可摩而測也，不可求而循也。❸施度於體，不慮費；事利於國，不計勞。失德喪服於鄰家，則不顧難矣。交體侵凌，則不顧權矣。封疆不得其所，❹無爲養民矣。合同不得其位，無畏患矣。百姓屈急，無藏畜矣。擠社稷，失宗廟，離墳墓，困鬼神，殘宗族，無爲愛死矣。卑辭而不聽，□財而無枝，❺計戰而不足，❻近告而無顧，告過而不悔，請服而不得，然後絶好，于閉門循險，近說外援，❼以天命無爲，是定亡也。

❶「有」下，原衍「人」字，今據諸本删。
❷「□」，丁宗洛補作「鄰」字。
❸「也」，原無，今據諸本補。
❹「不」下，原衍「時」字，今據丁宗洛、劉師培説删。
❺「□」，唐大沛、朱駿聲補作「賂」。「枝」，原作「技」，今據諸本改。
❻「不」，原闕，今據陳逢衡、丁宗洛、唐大沛、朱右曾各家補。
❼「援」，原作「授」，今據盧本改。

凡有事，君民守社稷宗廟，而先衰亡者，皆失禮也。大事不法弗可作，法而不時弗可行，時而失禮弗可長，得禮而無備弗可成。舉物不備，而欲成大功於天下者，❶未之有也。❷執不求周流，舉而不幾其成，亡。薄其事而求厚其功，亡。內無文道，外無武迹，往不復來者，有悔而求合者，亡。不難不費而致大功，古今未有。❸據名而不辱，隱行而不困，唯禮。得之而無逆，失之而無咎，唯敬。成事而不難，序功而不費，唯時。勞而有成，費而不亡，唯當。施而不拂，成而有權，久之而能□，❹唯義。不知所取之量，不知所施之度，不知動靜之時，不知吉凶之事，不知困達之謀，疑此五者，未可以動大事。恃名不久，恃功不立。虛願不至，妄爲不祥。太上敬而服，其次欲而得，其次奪而得，其次爭而克，其下動而上資其力。凡建國君民，內事文而和，外事武而義。其形慎而殺，其政直而公。本之以禮，動之以時，正之以度，師之以法，成之以仁，此之道也。

❶「成」，原闕，今據陳逢衡補。
❷「之有」，原倒乙，今據諸本乙正。
❸「古今」，原作「故令」，今據盧本改。
❹「□」，疑作「復」。

銓法解第六十九

有三不遠，有三不近，有三不畜。敬謀、祗德、親同，三不遠也。聽讒自亂，聽諛自欺，近憝自惡，三不近也。有如忠言，❶竭親以爲信；有如同好，以謀易寇；有如同惡，合計掬慮，慮泄事敗，是謂好害：三不畜也。

器服解第七十

明器因外有三疲二用。器服數：櫝四，❷棓禁豐一。觴荒，韋，獨。食器甑，迤膏候屑侯。樂鈊、璞參，冠一，❸竽，❹皆素，❺獨。二丸弇焚菜，❻膾五昔。纁裏桃枝素，獨。蒲簟

❶「有如」，原倒乙，今據諸本乙正。「言」，疑當作「意」。
❷「櫝」，原作「犢」，今據鍾本改。
❸「冠」，《玉海》引作「笙」。
❹「竽」，原作「竿」，今據《玉海》改。
❺「皆」，原闕，今據諸本補。
❻「焚」，孫詒讓疑是「樊」之誤，後同。

席，皆素。斧獨巾，玄繢緌，縞冠素紕，玄冠組武卷組纓。象□□瑱，❶絺紳帶。象玦，朱極，韋，素，獨。簞籥捍。❷次車羔冒，□純，載枉綫。喪勤焚纓一。紿器因名有三幾，❸玄茵纁裹桃枝獨。❹蒲席，皆素。布獨巾，❺玄象玄純。❻

周書序

昔在文王，商紂並立，困于虐政，將弘道以弼無道，作《度訓》。殷人作教，民不知極，將明道極，以移其俗，作《命訓》。紂作淫亂，民散無性習常，文王惠和化服之，作《常訓》。上失其道，民散無紀，西伯脩仁，明耻示教，作《文酌》。上失其道，民失其業，□□凶年，作《糴

---

❶「□□」，《玉海》引作「琪繢」。

❷「簞」，原作「簞」，今據朱右曾説改。

❸「紿」，原作「紿」，今據丁宗洛、朱右曾改。「幾」，疑當作「几」。

❹「茵」，原作「菌」，今據朱右曾改。

❺「獨巾」，王念孫疑倒乙。

❻「玄象」，疑是衍文。

匡》。文王立，❶西距昆夷，北備玁狁，謀武以昭威懷，作《武稱》。武以禁暴，文以綏德，大聖允兼，作《允文》。武有七德，文王作《大武》、《大明武》、《小明武》三篇。穆王遭大荒，❷謀救患分災，❸作《大匡》。❹此有脱簡。□□□□□□□□□□□□□□□□□□作《九間》。❺文王唯庶邦之多難，論典以匡謬，作《劉法》。文王卿士諗發教禁戒，作《文開》。維姜公命于文王，❻脩身觀天以謀商難，作《保開》。文王訓乎武王以繁害之戒，作《文繁》。❼文王在酆，命周公謀商難，作《酆保》。文王啓謀乎後嗣以脩身敬戒，❽作《大開》、《小開》二篇。文王有疾，告武王以民之多變，作《文儆》。文王告武王以厚德之行，❾作

❶「立」，楊本作「五祀」。
❷「穆王」，盧本疑當作「文王」。
❸「災」，原闕，今據諸本補。
❹「作」，原闕，今據王本補。
❺「九間」，程本、鍾本、王本作「九開」。
❻「姜」，原作「美」，今據孫詒讓説改。
❼「文繁」，諸本作「八繁」。
❽「王」，原脱，今據丁宗洛説補。
❾「厚」，原作「序」，今據朱右曾、孫詒讓説改。

《文傳》。❶

文王既没，武王嗣位，告周公禁五戎，❷作《柔武》。武王忌商，周公勤天下，作大小《開武》二篇。❸武王評周公維道以爲寶，❹作《寶典》。商謀啓平周，周人將興師以承之，作《酆謀》。武王將起師伐商，寤有商儆，作《寤儆》。周將伐商，順天革命，申喻武義，以訓乎民，作《武順》、《武穆》二篇。武王將行大事乎商郊，乃明德於衆，❺作《和寤》、《武寤》二篇。武王率六州之兵車三百五十乘以滅殷，作《尅殷》。武王既尅商，❻建三監以牧其民，❼爲之訓範，此有脱簡。□□□□□□□□□作《大聚》。此有脱簡。□□□□□□□□□□□武王

❶「傳」，原作「傳」，今據諸本改。
❷「戎」，原作「戒」，今據盧本改。
❸「作」，原作「於」，今據盧本改。
❹「評」，王念孫疑作「諄」。
❺「於」，原闕，今據王本補。
❻「既」，原作「作」，今據盧本改。
❼「牧」，原作「救」，今據朱右曾説改。

既釋箕子囚，俾民辟寧之以王，作《箕子》。武王秉天下，論德施□，❶而□位以官，❷作《考德》。武王命商王之諸侯綏定厥邦，申義告之，作《商誓》。武王平商，維定保天室，規擬伊洛，作《度邑》。武王疾，此有脱簡。□□□□□□□□□命周公輔小子，告以正要，作《五權》。

武王既没，成王元年，周公忌商之孽，訓敬命，作《成開》。周公既誅三監，乃述武王之志，建都伊洛，作《作洛》。周公會群臣于閎門，以輔主之格言，❸作《皇門》。周公陳武王之言以贊己言，戒乎成王，作《大戒》。周公正三統之義，作《周月》；辯二十四氣之應以明天時，作《時訓》。周公制十二月賦政之法，作《月令》。周公肇制文王之謚義，以垂于後，作《謚法》。周公將致政成王，朝諸侯於明堂，作《明堂》。

成王既即政，因嘗麥以語羣臣而求助，作《嘗麥》。周公爲太師，告成王以五則，❹作《本

❶「□」，疑當作「功」。
❷「□」，疑當作「定」。
❸「以」下，唐大沛疑當有「告」字。
❹「五」下，原有「徵」字，今據盧本删。

典》。成王訪周公以民事，周公陳六徵以觀察之，❶作《官人》。周室既寧，八方會同，各以其職來獻，欲垂法厥後，作《王會》。

周公云殁，❷王制將衰，穆王因祭祖不豫，詢其守位，作《祭公》。穆王思保位惟艱，恐貽世羞，欲自警悟，作《史記》。王化雖弛，天命方永，四夷八蠻攸尊王政，作《職方》。芮伯稽古作訓，納王于善，暨執政小臣咸省厥躬，作《芮良夫》。晋侯尚力，侵我王略，叔向聞儲幼而果賢，□復王位，❸作《太子晋》。王者德以飾躬，用爲所佩。夏多罪，湯將放之，徵前事以戒後王也，作《殷祝》。民非后罔乂，后非民罔與爲邦，慎政在微，作《周祝》。武以靖亂，非直不尅，作《武紀》。積習生常，不可不慎，作《銓法》。車服制度，明不苟踰，作《器服》。周道於焉大備。❹

❶「徵」，原無，今據鍾本補。
❷「公」，原作「王」，今據諸本改。
❸「□」，疑當作「堪」。
❹「焉」，原作「乎」，今從王念孫説據《玉海》所引改。

刻汲冢周書跋

《汲冢周書》，自漢已入中秘。晋太康間，竹簡古書稍稍復出云。書疑戰國士綴拾成之，藉周爲名，孔氏殆未之見者。凡七十篇，真贋醇駁，讀者類能辨之。然藝圃菁華，芬芳縟采，上遡二京而先秦七國，則斯編也其逸響高韻之存乎？余念莆爲書學淵藪，以手抄善本刻此，俾誦者知爲經之别録，俱不可捐爾。時嘉靖癸卯長至月吉旦，賜進士福建興化府推官、前山西道監察御史、四明後學章檗謹跋。

「《儒藏》精華編選刊」選目

經部

周易鄭注
漢魏二十一家易注
周易注
周易正義
周易口義（與《洪範口義》合册）*
温公易説（與《司馬氏書儀》《孝經注解》《家範》合册）
漢上易傳
誠齋先生易傳
易學啓蒙
周易本義

楊氏易傳
易學啓蒙通釋
周易本義附録纂注
周易啓蒙翼傳
易纂言
周易本義通釋
易經蒙引
周易述
周易述補（江藩）（與李林松《周易述補》合册）
周易述補（李林松）
易漢學
御纂周易折中

周易虞氏義
雕菰樓易學
周易集解纂疏
周易姚氏學
尚書正義
鄭氏古文尚書
洪範口義
書傳（與《書疑》《尚書表注》合册）
書疑
尚書表注
書纂言
尚書全解（全二册）
尚書要義

讀書叢説
書傳大全（全二册）
古文尚書攷（與《九經古義》合册）
尚書集注音疏（全二册）
尚書後案
毛詩注疏
詩本義
吕氏家塾讀詩記
慈湖詩傳
詩經世本古義（全四册）
毛詩稽古編
毛詩説
毛詩後箋（全二册）
詩毛氏傳疏（全三册）
詩三家義集疏（全三册）
儀禮注疏

儀禮集釋（全二册）
儀禮圖
儀禮鄭註句讀
儀禮章句
儀禮正義（全六册）
禮記正義
禮記集説（衛湜）
禮記集説（陳澔）（全二册）
禮記集解
禮書
五禮通考
禮經釋例
禮經學
司馬氏書儀
春秋左傳正義
左氏傳説

左氏傳續説
左傳杜解補正
春秋左氏傳賈服注輯述
春秋左氏傳舊注疏證（全四册）
春秋左傳讀（全二册）
公羊義疏
春秋穀梁傳注疏
春秋集傳纂例
春秋權衡（與《七經小傳》合册）
春秋集注
春秋經解
春秋胡氏傳
春秋尊王發微（與《孫明復先生小集》合册）
春秋本義
春秋集傳

春秋集傳大全（全三册）
孝經注解
孝經大全
白虎通德論
七經小傳
九經古義
經典釋文
群經平議（全二册）
新學僞經考
論語集解（正平版）
論語義疏
論語注疏
論語全解
論語學案
孟子注疏
孟子正義（全二册）

四書集編（全二册）
四書纂疏（全三册）
四書集註大全（全三册）
四書蒙引（全二册）
四書近指
四書訓義
四書賸言
四書改錯
四書説
廣雅疏證（全三册）
説文解字注

史部

逸周書
國語正義（全二册）
貞觀政要

歷代名臣奏議
御選明臣奏議（全二册）
孔子編年
孟子編年
陳文節公年譜
慈湖先生年譜
宋名臣言行録
伊洛淵源録
道命録
考亭淵源録
道南源委
聖學宗傳
元儒考略
理學宗傳
明儒學案
宋元學案

四先生年譜
洛學編
儒林宗派
程子年譜
學統
伊洛淵源續録
豫章先賢九家年譜
閩中理學淵源考（全三册）
清儒學案
經義考
文史通義

子部

孔子家語（與《曾子注釋》合册）
曾子注釋
孔叢子
新書
鹽鐵論
新序
説苑
太玄經
論衡
昌言
傅子
大學衍義
大學衍義補
朱子語類
龜山先生語録
胡子知言（與《五峰集》合册）
木鐘集
西山先生真文忠公讀書記
性理大全書（全四册）
居業録
困知記
思辨録輯要
家範
小學集註
曾文正公家訓
勸學篇
仁學
習學記言序目
日知録集釋（全三册）

集部

蔡中郎集
李文公集
孫明復先生小集
直講李先生文集

歐陽脩全集
伊川擊壤集
元公周先生濂溪集
張載全集
温國文正公文集
公是集（全二册）
游定夫先生集
和靖尹先生文集
豫章羅先生文集
梁溪先生文集
斐然集（全二册）
五峰集
文定集
渭南文集
誠齋集（全四册）
晦庵先生朱文公文集

東萊吕太史集
止齋先生文集
攻媿先生文集
象山先生全集（全二册）
陳亮集（全二册）
絜齋集
文山先生文集
勉齋先生黄文肅公文集
北溪先生大全文集（全二册）
西山先生真文忠公文集
鶴山先生大全文集
閑閑老人滏水文集
郝文忠公陵川文集
仁山金先生文集
静修劉先生文集
雲峰胡先生文集

許白雲先生文集
吴文正集（全三册）
道園學古録　道園遺稿
師山先生文集
曹月川先生遺書
康齋先生文集
敬齋集
涇野先生文集（全三册）
重鐫心齋王先生全集
雙江聶先生文集
歐陽南野先生文集（全二册）
念菴羅先生文集（全二册）
正學堂稿
敬和堂集
涇皋藏稿
馮少墟集

高子遺書
劉蕺山先生集（全二册）
霜紅龕集
南雷文定
桴亭先生文集
西河文集（全六册）
曝書亭集
三魚堂文集外集
紀文達公遺集
考槃集文録
復初齋文集
述學
揅經室集（全三册）
劉禮部集
籀廎述林
左盦集

出土文獻

郭店楚墓竹簡十二種校釋
上海博物館藏楚竹書十九種校釋（全二册）
秦漢簡帛木牘十種校釋
武威漢簡儀禮校釋

＊合册及分册信息僅限已出版文獻。